今日からモノ知りシリーズ

トコトンやさしい

CRMの本

CRMとは、顧客を正確に知り、顧客の価値観を満足させ、顧客に必要とされる関係を構築、維持し続けようとする経営手法で、これからのマーケティングを考える上で必要不可欠なものです。

藤田憲一 監修

ニューズウォッチ情報分析事業部 著

B&Tブックス

日刊工業新聞社

はじめに

ＣＲＭは２０００年以降、ビジネスの重要トピックとなっており、多くの企業がそれに取り組んでいます。その一方で、ＣＲＭシステムの導入プロジェクトが失敗に終わったという声も多く聞きます。

ガートナー社の調査によると、ＣＲＭプロジェクトの約55%が顧客の期待を満たしていないということです。調査によってはその数値が7割（バトラー社）という調査結果もあります。ベイン&カンパニーが行ったシニアエグゼクティブ４５１人への調査結果は、「顧客満足のためのツール25種のうちＣＲＭの順位は下から3番」というものでした。こう見てみると「失敗」の原因はツールだと見られているようです。

私は２００１年に日刊工業新聞社から「ＣＲＭはＩＴではない。コミュニケーションである」という本を出しました。その当時、ＣＲＭは黎明期であり、ようやく言葉として定着するような頃でした。

ＣＲＭのビジネスプレーヤーはほとんどがＣＲＭパッケージのベンダーであり、「ＣＲＭとはＩＴそのものである」という論調ばかりで、私の論旨は非常に風当たりが強いものでした。私自身、このＣＲＭパッケージに注力している企業に属していたため当時の上司も含め、「風当たりが強かった」のですが、戦略コンサルティング部門のトップや、社外の著名コンサルタントの中にはこの新しい考え方を強く支援してくださる方もいました。

その後、ＣＲＭの失敗が言われるようになり、結果、私が主張していた論がＣＲＭの主流になりました。お蔭様で、上記書籍の翻訳版のヒットや海外の多くの会議で文献として取り上げられることになりました。

しかし、よく誤解されるのですが、私は他の「ＣＲＭツール批判派」とは大きく意見を異（こと）にします。実際、本書の著者、㈱ニューズウォッチ情報分析事業部は、子会社に㈱ベイテックというＣＲＭシステム・ベンダーを有します。要は、ＣＲＭはシステムが主役ではなく、それをいかに活かすかが重要なのです。

手前味噌な話ですが、当社や先述のグループ会社が競合の大企業とのコンペでＣＲＭプロジェクトを受注しているのは、ＣＲＭの戦略をきっちり理解した上でシステムを活かしているからです。

本書では、ＣＲＭに関する背景の理解から、メールマーケティング、携帯メール、サイト構築、コールセンターの現場での実践まで解説しました。

ＣＲＭに限らず、いかなるＩＴの考え方やシステムであれ、その特性やメリットを理解し、効果・効率を最大化させる活用を行うことはビジネスの大命題です。なぜならＣＲＭにせよ、他のＩＴツールにせよ時代の経過とともに確実に進化していくからです。

　この進化というのは一昔前は技術革新が中心でしたが、現在は「使いこなし」という面での進化が殆どです。

　デジタルデバイドという言葉があり、ＩＴリテラシーが大きな収入格差を生むという現象が言われています。しかし、実際には、ＩＴリテラシー以上に大きいのは、戦略リテラシーです。

　これはもちろんＩＴの理解ありきですが、ＩＴを理解しているだけでは並のビジネスマンとして及第点に達するだけで、それをどう使いこなせるかが重要であり、さらに重要なのは各ＩＴの背景にある基本的な考え方の理解だといえます。そのため、本書ではまず最初にＣＲＭの背景を解説し、その後で、各現場での実践に関して記述しました。

　本書を読むことで読者の皆様がＣＲＭに取り組む上での一助となれば幸いです。

２００４年４月

株式会社ニューズウォッチ情報分析事業部　事業部長
監修　藤田　憲一

第1章 CRMってなんだろう？

もくじ

第2章 CRMのキー＝ブランド

第3章 CRMの基本戦略策定法

第4章 インターネットとCRM

第5章 CRMにおけるメールマーケティング

第6章 CRMの一環としてのサイト構築

第7章 CRMで活きる携帯メール

第8章 コールセンターの新たな役割

【コラム】

第1章

CRMってなんだろう?

1 CRMってなんのこと？

CRMの目的、戦略、戦術を理解する

昨今、大量訴求のマスマーケティングから個人対応のマーケティングへの脱却が言われています。ダイレクト・マーケティング、リレーションシップ・マーケティング、ワン・トゥー・ワン・マーケティング、インタラクションを介したマーケティングは名前を変え進化しています。しかし細かい違いを抜きにして、これらの考え方がCRMにつながったことは間違いありません。

そこで、CRMの根底に流れる考え方の中で最も基本になる部分を最初に理解していきます。

そもそもCRMとはなんのでしょう？CRMとはCustomer Relationship Managementの略で、訳すると顧客を正確に知り、顧客の価値観を満足させつづけることで、顧客に必要とされる関係を構築、維持し続けようとする経営手法のことを指します。

しかし、現在のCRMは、システム構築とイコールで考えられがちであり、CRMパッケージを導入することがCRMの目的になってしまっているところも多いのです。

本来、CRMの課題は企業によってまったく異なるものであり、パッケージ化は非常に難しいはずです。つまり、システム構築はCRMのための手段でしかなく、しかも、入口でしかないのです。

「CRMとは、何か？」ということについては、目的、戦略、戦術の3つの観点からまとめると理解しやすいと思います。

目的：顧客価値の最大化
戦略：顧客ロイヤリティの形成・維持
戦術：顧客とのリレーションの形成・維持のための適切なコミュニケーション（戦術の要素）IT、組織改革による効果向上、効率化。

お分かりいただけたでしょうか？この各々について、次項でご説明します。

要点BOX
●CRMとは、顧客を「知り」、「満足させ」、「必要とされる関係」を構築、維持すること

CRMとは

かつては、マスマーケティングでうったえかけたものが…

CRM

Customer **R**elationship **M**anagement

顧客に必要とされる関係を続けること　顧客を満足させ　顧客を知り、

2 ＣＲＭの目的＝顧客価値の最大化

市場シェアより顧客シェアを重視する

ＣＲＭの目的は「顧客価値の最大化」です。顧客価値とは、一人の顧客からあがる売上や利益のことを指します。

つまり、多くの顧客に買ってもらうという観点に立って、「市場の中でのシェアを重視する」考え方ではなく、一人の顧客から「何度も」「たくさん」買ってもらう、つまり、「その顧客の中でのシェアを重視する」という観点に立った考え方です。

顧客価値最大化とは、その顧客シェアを最も高い状態に保つということです。その目的を叶えるためには、顧客にブランドや企業を好きでいてもらい続けなければなりません。

そこでＣＲＭの戦略では「顧客ロイヤリティーの形成・維持」を目指します。

顧客ロイヤリティーとは、そのブランドに対する強い思い入れであり、顧客が強いロイヤリティーを持つと、そのブランドを繰り返して購入してくれたり、良い評判を周囲に広めるという企業にとって好ましい行動をとってくれます。この顧客ロイヤリティーを生むのが顧客とのリレーションシップです。

つまり戦術としては、この「リレーションシップを形成あるいは維持するコミュニケーション」が重要になってきます。

このコミュニケーションを飛躍的に便利に、かつ高度化させ、コストを削減させるのがＩＴであり、ＩＴ導入に際し、そのパフォーマンスを最大化させるためには組織改革も必要なのです。

つまり、多くの人がＣＲＭそのものだと思っているＩＴは、ＣＲＭの中の戦術の要素でしかありません。

しかし、このＩＴや組織改革が重要でないかといえばそうでなく、ＩＴとそれに伴う組織改革はＣＲＭの大前提となります。

つまり、ＩＴはＣＲＭにおいて重要な役割を果たしますが、ＣＲＭの本質ではないということです。

要点BOX

● 「多くの顧客に買ってもらう」でなく、同じ顧客に「何度も」「たくさん」買ってもらうことが重要となる

CRMの目的は…

市場シェア重視から　　顧客シェア重視に

CRMの戦術は…

顧客とのリレーションシップを形成、維持することで…

↓

そのブランドに対する強い思い入れ

↓

顧客が強いロイヤリティーを持つ

→ 顧客価値の向上：そのブランドを繰り返し購入してくれる

→ 口コミ効果：良い評判を周囲に広める

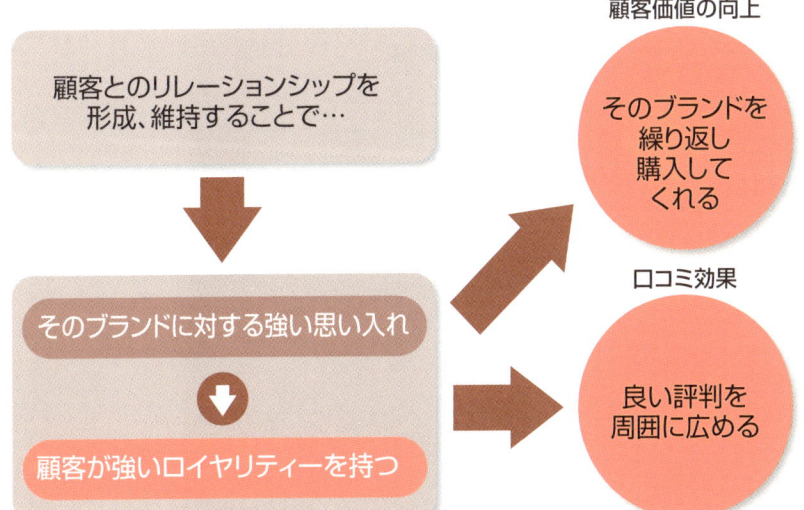

3 CRMにおけるITの役割

ITはCRMの主役ではないが大事な脇役

前項で、CRMの本質は「ITではなくコミュニケーションだ」ということを述べました。しかし、ITは不要ということではなくコミュニケーションにおいて重要な役割を果たします。

CRMにおけるITの役割を考えると、伝統的なマーケティングの構成要素、例えばクリエイティブ、メディアと同じような役割を担っているといえるでしょう。つまり、CRMのコミュニケーションはこのITがなければ〝成り立たない〟とさえ言えるのです。

例えば、CRMの代表的なITである「CTI」とは、顧客がコールセンターに電話した際、ナンバーディスプレーにより通話してきた顧客を特定し、データベースに蓄積された顧客情報をオペレーター端末に表示させるものです。

「CRMは恋愛に似ている」というのが、筆者の持論ですが、このCTIの活用によりできるようになることは、あなたが恋愛で携帯の着信者表示機能を活用して行っていることと基本的には同じです。

携帯の着信者表示機能が無い頃は、女の子から電話がかかってきて「私、わかる！」と言われて、しどろもどろになったりした「苦い記憶（？）」がありませんか？でも、いまは、電話に出た途端に「○○ちゃん、電話、待ってたんだよ」などと調子のいいことを言うことができるようになりました。

コールセンターでやっていることも同じで、この顧客情報により、オペレーターはさも顧客のことを良く知っているかのようにふるまえるだけなのです。

つまり、顧客がコールセンターに電話した際、ナンバーディスプレーにより通話してきた顧客を特定し、データベースに蓄積された顧客情報をオペレーター端末に表示できるので、オペレーターはさも顧客のことを良く知っているかのように商品を推奨したりできるというわけです。このようにITの力を借りて顧客との良好な関係を作るのがCRMです。

要点BOX

●CRMにおけるITは重要。旧メディアでいえばクリエイティブ、メディアのようなもの

CRMにおけるITの役割

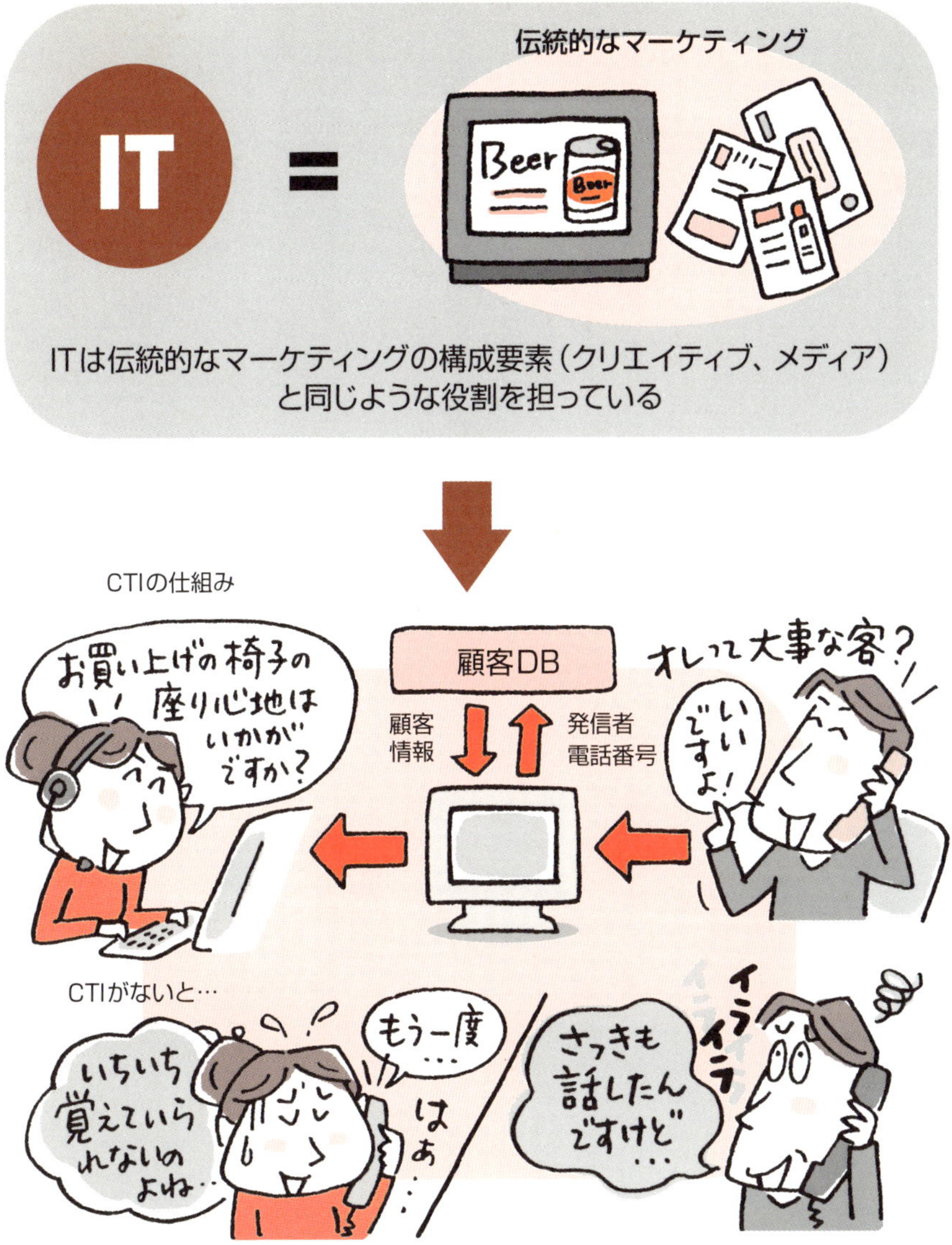

4 個別対応のプロモーションが可能になる!?

CRMの考え方の普及は個別対応が安くなったから

これまでＤＭ（ダイレクトメール）やアウトバウンドコール（電話による勧誘）により、顧客一人一人へのプロモーションは行われていましたが、これらは極めて高価なプロモーション手法でした。

例えば、日本は諸外国に比べ、郵送料や封入費等の人件費が高く、アウトバウンドコールに関しても、同様に、高い人件費が足かせになっており、一人の顧客あたり十分な収益が上がる商品やサービスでしか行えない手法でした（これらの施策の単価は、専門外の人には想定しずらいでしょうが、それぞれ見込客一人あたり数百円かかる施策です。高級車のＤＭなど高価な素材を使ったものは一通１０００円を越えるようなものさえあります）。

しかし、Ｅメールの普及により、このワン・トゥー・ワン対応が容易になりました。

ＣＲＭの普及は、このＩＴによる進化とコスト削減により、マス対応から、ワン・トゥー・ワン対応に視点が移ってきたからのように思えます。しかし、実際はそれ以上に時代の変化による理由が大きいのです。

現在は成熟経済が進行し、消費者に物が行き渡り、「物が売れない時代」になりました。そして、新規顧客獲得が従来より困難になり、そのコストが高沸してきました。

また、バブル期に消費を学んだ彼等は、自分にとって価値あるもののみを購入するようになり、以前のように「ＣＭでよく見る」とか、「新製品だから」という理由でアクションを起こさなくなっています。

企業は十把一絡げに顧客を扱うマス広告だけでなくＣＲＭは、個対応を迫られてきているのです。

ＣＲＭは、このような時代背景の中でうまれてきたものです。もちろん、ＩＴの進化がＣＲＭの考え方を現実的なものにしたのは確かですが、その背景をしっかり把握していないとＣＲＭは失敗に終わることになるでしょう。

要点BOX

●これまでは個別対応のプロモーション（DM、テレマーケティング）は高価な施策だった

CRMの時代背景

CRMの背景にあるマーケティングの時代変化

マス・マーケティングの時代

70年代くらいまでは、需要が供給を上回り、物を作れば売れた時代であった。生産は自動的に販売に繋がり、どれだけ造れたか、どれだけ売れたかが重要であり、どんな人が買ったのかはまったく関知されなかった。競争力とはイコール製品開発力、生産力及び販売の場を確保する力であった。

ターゲット・マーケティングの時代

成熟経済の時代になると、需要と供給のバランスが逆転し、消費者が選択する権利を持つようになった。企業は自社の顧客がどんな人達で、何を求めていて、どうすれば満足するのかを探り、多様化、細分化したニーズに対応して、ターゲットに合わせた商品政策や、プロモーション活動を行うようになった。

この時代、企業にとって重要なことは各商品のターゲットに向け、広告等で商品認知をさせ、消費の場面で、商品を想起させ、購買させる、ということであった。企業にとって重要なのは、市場シェアであった。

現在

成熟経済が進行すると、消費者に物が行き渡り、「物が売れない時代」になった。そんな時代に従来のターゲット・マーケティングの手法は費用対効果の面で、非効率な手法と言われるようになってきた。なぜなら、新規顧客獲得が従来より困難になり、そのコストが高騰してきたからである。

現在、消費者には物が行き渡り、「物が売れない時代」である。また、バブル期に消費を学んだ彼等は、購買行動のリテラシーが上がり、自分にとって価値のあるもののみを、購入するようになった。

これまでのように、広告でよく知っているとか、新製品だからとか、安い、とかいった理由だけで、消費者はアクションを起こさなくなっている。

そのため、新規顧客獲得は難しい課題となり、そのコストは勢い上昇している。つまり、CRMはこのような時代背景の中でうまれてきたものであり、ITの進化と別次元のものである。

5 CRMの背景にある考え方

「個対応」「関係構築」「許諾を得る」が重要

物が売れにくくなり、企業の新規顧客獲得コストが高騰し、市場シェア拡大策が非効率化してきた中、注目され始めたのが冒頭で説明した「ワン・トゥー・ワン・マーケティング」「リレーションシップ・マーケティング」「パーミッション・マーケティング」というマス・マーケティングの対極の考え方です。

例えば、「ワン・トゥー・ワン・マーケティング」というのは、「顧客と双方向のコミュニケーションにより、顧客ニーズを把握し、それに応じた対応を行うのが重要である」という考え方です。

高級スポーツカーの話を例にあげると、マス・マーケティング、つまりテレビCMや新聞広告では、基本的には絞り込みはできないため、高級スポーツカーを買うことができない、あるいは、欲しいと思わない層にも広告を流すことになります。

しかし、ワン・トゥー・ワン・マーケティングの場合、顧客属性から収入のいい人、あるいはこれまでの取引履歴などからスポーツカーに関心の高そうな人のみに絞ってマーケティング施策を行うことが可能になったわけです。

「リレーションシップ・マーケティング」はそれらを推し進めた考え方で、新規顧客獲得コストが高騰しているのであれば、一回きりの取引ではもったいない、顧客との良好な関係作りを通じて、CS（顧客満足）を高め、自社のファンとして囲い込んでしまおうという考え方です。

郵送のDMや電話セールスと異なり、Eメールにより、個人対応のマーケティング費用が低下し、頻繁なコミュニケーションが可能になりました。しかし、それが逆に顧客へのメールプロモーションの頻繁化につながり、迷惑になるという現象も起こっています。

顧客とのコミュニケーションにあたっては、顧客の許可を得なさいという考え方が「パーミッション・マーケティング」です。

要点BOX

●キーワードは「ワン・トゥー・ワン」「リレーションシップ」「パーミッション」

CRMの背景にある考え方

ワン・トゥー・ワン・マーケティング

顧客と双方向のコミュニケーションにより、顧客ニーズを把握するのが重要であるという考え方

リレーションシップ・マーケティング

顧客との良好な関係作りを通じて、CS（顧客満足）を獲得するという考え方

パーミッション・マーケティング

顧客とのコミュニケーションにあたっては、顧客の許可を得なさいという考え方

6 CRMのセオリー「1対5効率」

新規顧客獲得と既存顧客維持のコストの大きな差

個対応のマーケティングの考え方は、いずれも、新規顧客の獲得以上に、既存顧客の維持が重要であるという考えに立脚しており、CRMの基になった考え方ですが、今度はCRMの考え方の中心になる基本的なセオリーの話を行います。

企業は、個人を重要視する考えの中で、次第にマス・マーケティング的な考えから脱却。経営の焦点も「製品中心」から、「顧客中心」に転換し、顧客について深く知ろうとすることに力を割くようになりました。

顧客を知ろうとする活動の中で企業は以下の2つのことに気付きました。

①新規顧客を獲得するコストを計算したら、既存顧客維持の何倍ものコストがかかっていた。

②自社の売上のほとんどは、実はほんの一握りの顧客によりもたらされてる。

まず、①について見てみます。マーケティング活動は大きく分けると、アクイジション（顧客獲得）とリテンション（顧客維持）の2つのフェーズに分かれます。

近年、特に時代背景の変化により、アクイジションのコストが高沸していることは時代背景の変化の部分で述べたとおりです。

CRMの根幹をなす理論の一つに「リテンションとアクイジションの1対5効率」というものがあります。

数々のケーススタディーから、一般的にアクイジションコストは、リテンションコストの5倍かかることが証明されている事実から導かれた理論です。そしてこの理論は、顧客を維持することがいかに重要かということを示しています。

ここで間違いやすいのは、「であれば、既存顧客の維持ばかりしていればよいのか？」ということです。顧客の流出をゼロにし、かつ、顧客単価を確実に上げられるのであればそれでもいいですが、現実的ではありません。経営の重点を既存顧客維持に置くための根拠と捉えるべきです。

要点BOX

- ●アクイジション＝新規顧客獲得
- ●リテンション＝既存顧客維持

CRMの背景にある考え方

1：5効率

新規顧客を獲得するコストは既存顧客を維持するコストの何倍もかかる。

新規顧客獲得のコスト：既存顧客維持のコスト＝5：1

　よく男性は「釣った魚にえさをやらない」と言われ、付合うまではフランス料理だったデートが、付合ったとたんチェーンの居酒屋になったりする。
　これは恋愛においてもリテンションコストが、アクイジションコストに比べ格段に安いことを象徴している。

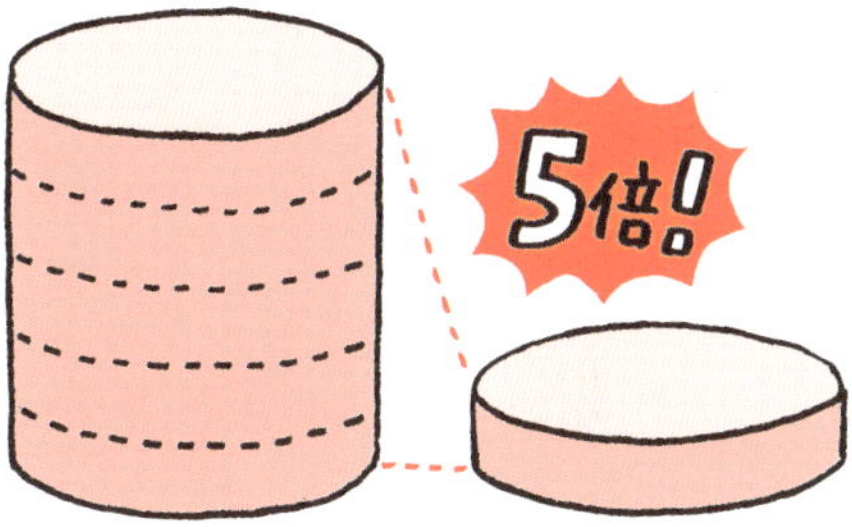

パレートの法則

自社の売上の殆どは、ほんの一握りの顧客によりもたらされている。

多くの一般客

得意客

（ほとんどの売上）

7

CRMのセオリー「パレートの法則」

既存顧客の中でも優良顧客はとくに大切

さて、次は顧客を知ろうとする活動の中で企業が気付いた2つの事実のうちの後者、「自社の売上のほとんどは、実はほんの一握りの顧客によりもたらされている」というファクターについてみてみます。

これは、CRMの考えの基になるものであると同時に、マーケティングや、経営戦略の策定に広く使われている考え方で「パレートの法則」といいます。

これも、前記の「リテンションとアクイジションの1対5効率」同様、数々のケーススタディーから、一般的に上位20％の優良顧客が売上の80％を占めているという事実を発見したものです。

これは実は顧客だけでなく、「優秀な営業マンの上位20％が売上の80％を占めている」とか、「売筋商品の上位20％が売上の80％割を占めている」といったセオリーがあてはまることも実証されています。

この2割対8割というのはあくまで各業界のマジョリティーであり、ある銀行では、この法則を当てはめると、20対120の法則になり、上位20％の顧客が、利益を生むばかりでなく、下位80％の顧客が生み出す赤字を吸収しているというケースもありました（銀行では、口座維持のコストがかかるのみで収益が上がらない下位顧客は赤字しか生まないのです。余談ですが、昨今のコンビニでのATM稼動、店舗統合などは下位顧客はなるたけ自動化で対応し、店舗は優良顧客や難易度の高い取引だけの場にして、下位顧客に対するコストを削減しようとするものです）。

「リテンションとアクイジションの1対5効率」では、顧客を維持することが重要であることがわかりましたが、この「パレートの法則」では、単に顧客を維持するだけでは意味が無いことを教えてくれます。

つまり、顧客を維持するのみならず優良顧客に育成するということが重要であるということです。

要点BOX

- 一般に2割の優良顧客が8割の売上をあげている。これをパレードの法則という
- この法則は他のセオリーにもあてはまる

CRMの背景にある考え方

パレートの法則（20対80の法則）

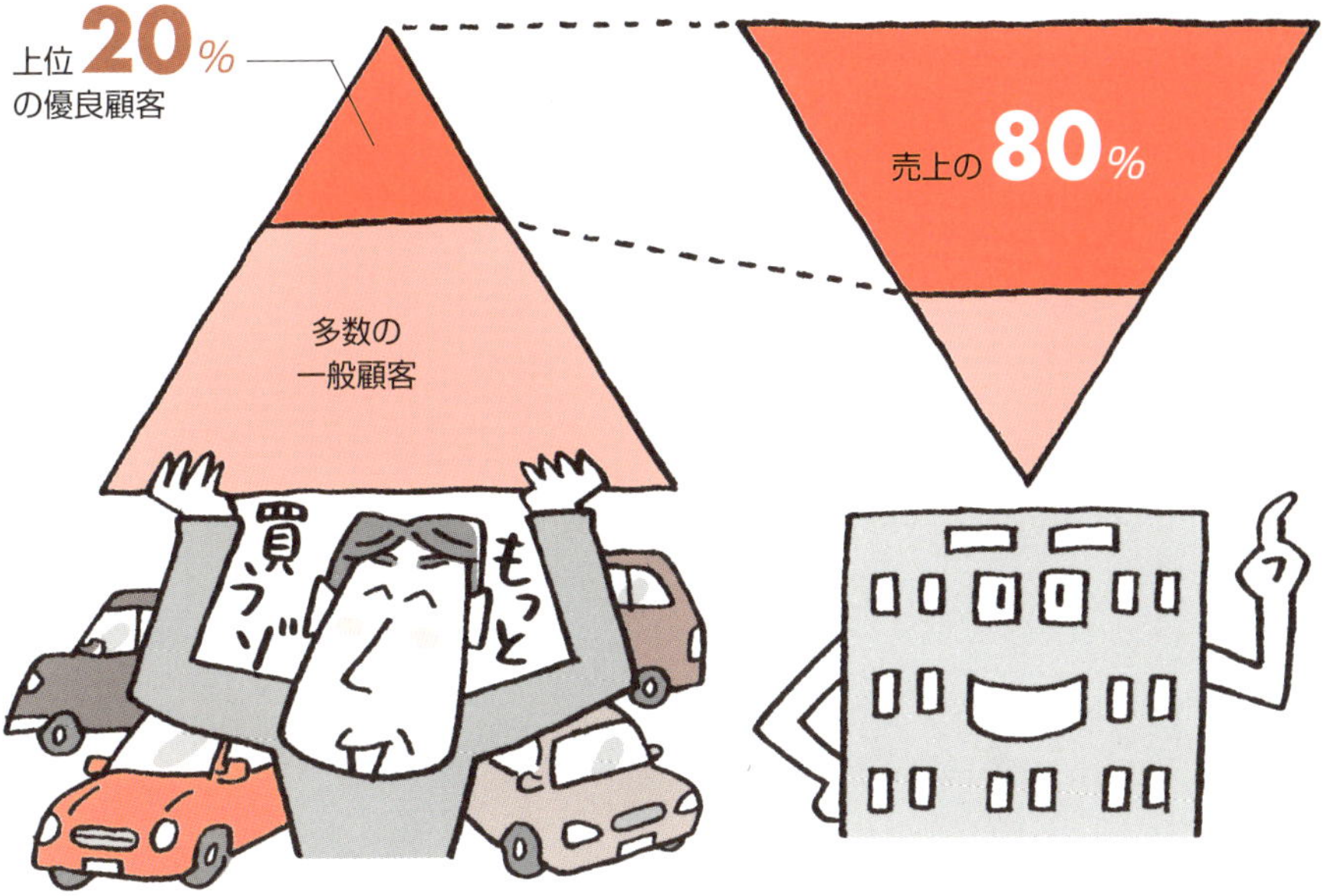

上位20%の優良顧客

売上の80%を占めている

既存の顧客を維持する

→

優良顧客に育成することが重要

8 CRMのキーは顧客を差別すること

公平（＝フェア）と平等（イコール）は違う

「顧客を維持することがいかに重要か？」。さらには、それだけでなく、「優良顧客に育成することがいかに重要か？」を理解して頂けたと思います。

それはなぜか？その答えは2項で述べたCRMの目的に立ち戻っていただければいいでしょう。

CRMの目的は「顧客価値の最大化」であるからです。では、顧客価値最大化のために最も大事なことはなんでしょう？

答えは「顧客を差別する」ということです。

こんなことを言うと、「ちょっと待てよ。お客様は神様だ。と言う言葉がある。第一、客を差別するなどけしからん」と言う方もいるでしょう。

しかし、果たしてそうでしょうか？「顧客を差別する」ということは、結果的に「顧客を公平に扱う」ということになるです。

間違わないでほしいのですが、公平（＝フェア）に扱うのであって、平等（＝イコール）ではありません。公平のため、逆に平等を排除（＝差別）するのです。

優良顧客とは、ロイヤリティーが形成された客です。一般的に店への思い入れが強い客は、当然、期待も高いわけです。その優良顧客の期待に応えるために、顧客を識別し、優良顧客を優遇することが非常に大事になります。

そもそも「顧客を差別する」ということは差別される「非優良顧客」にとってよくないことなのでしょうか？例えば、買えるわけもない不相応な高級品の情報を度々DM等で送りつけられることは「普通の人」にとってわずらわしいことでしかないでしょう。それより、それらの情報は適切な人に届けられた方がいいに決まっています。

つまり、重要なのは「適切さ」であって、「CRM」はその判断を自動化、効率化するものです。

要点BOX

- 「顧客を差別する」ということは、結果的に「顧客を公平に扱う」ということ

CRMのキーは顧客を差別すること

どうして?
●「顧客を維持することが、
いかに重要か？」
●「優良顧客に育成することが
いかに重要か？」
それはなぜか？
そうか!
なぜなら、
CRMの目的は
「顧客価値の最大化」であるから

顧客価値最大化のために最も大事なことはなんだろう？

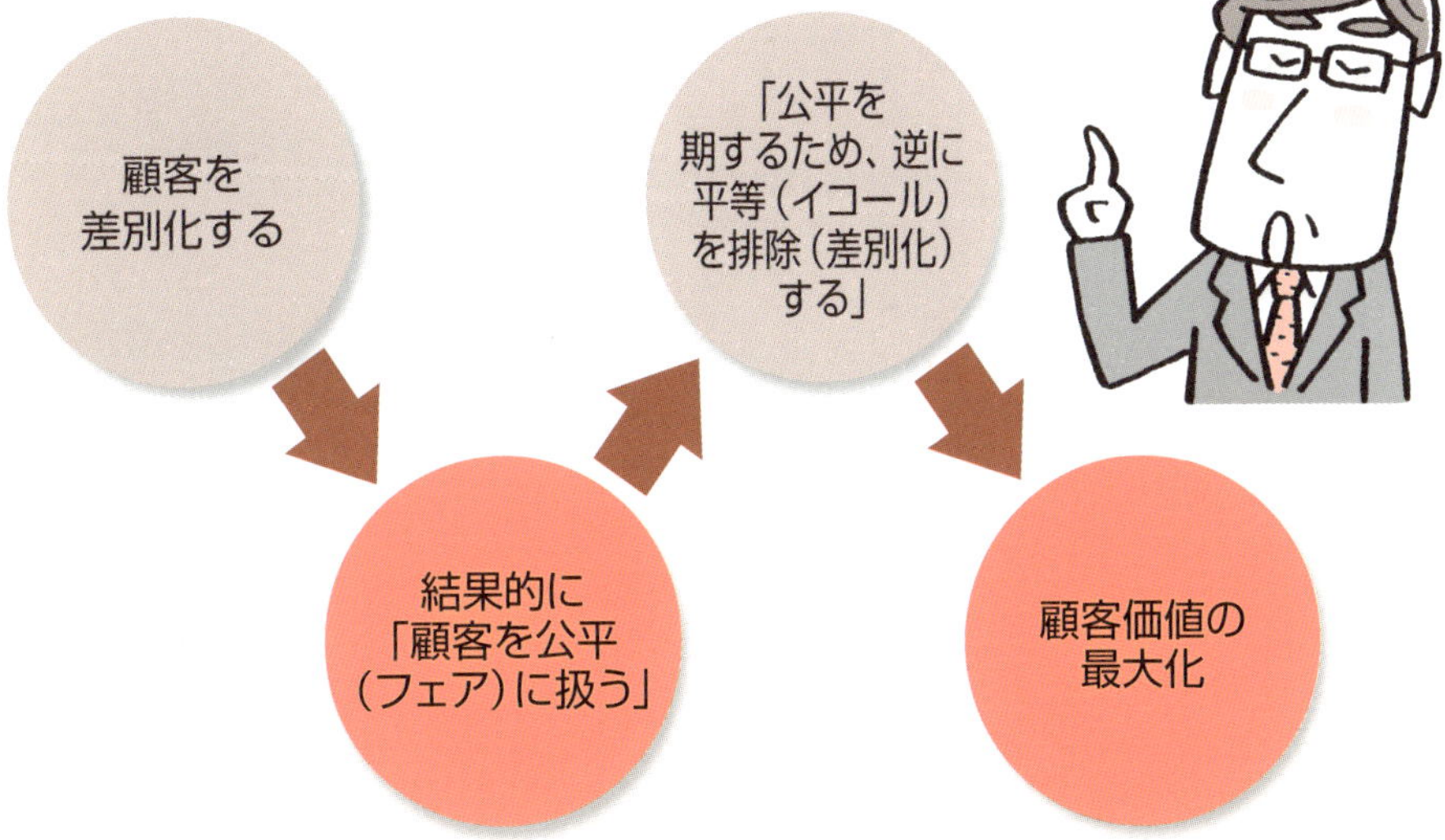
顧客を
差別化する
結果的に
「顧客を公平
（フェア）に扱う」
「公平を
期するため、逆に
平等（イコール）
を排除（差別化）
する」
顧客価値の
最大化

9

「顧客を選ぶ」ということ

顧客シェアアップは結果的に市場シェアアップに

「顧客を差別する」ことの正当性はご理解いただけたと思いますが、それが果たして、経営にプラスになるのか疑問をもたれた方もいるでしょう。そこで、今度はその観点からメスを入れます。

優良顧客とは顧客ロイヤリティーが形成され、維持されている客で、顧客ロイヤリティーとは顧客とのリレーションにより得られるものです。当然、それにはコストがかかります。

マス・マーケティングは無差別に一様な情報を伝達する点が非効率だという意見がありますが、客一人あたりのコストが高いリレーション形成をすべての客に行うのでは、マス・マーケティングよりはるかに効率の悪いマーケティング活動になってしまうでしょう。

つまり、ＣＲＭは、リレーションによる顧客ロイヤリティー形成を、それぞれの顧客の優良度合に応じた形で行うものです。つまり、場合によっては、顧客を切り捨てなければならないわけです（実際はコストをかけないだけで切り捨てるわけではないのですが・・）。

しかし、そうすると「市場シェアが下がるのではないか?」というご意見が出てくるでしょう。

その通りです。ＣＲＭでは市場シェアは重要視しません。ＣＲＭで重視するのは顧客シェアです。

顧客シェアとは、市場シェアがたくさんの人に商品を売ることを追求するのに対し、一人に何回も買ってもらうことを追求するものです。

利益に貢献するという点では、1対5効率からもパレートの法則からもどちらが有利かは明らかです。その証拠に左図を見て下さい。市場シェアは減っても、優良顧客に特化することによって、収益構造は大幅に改善されます。

また、図にもあるように、長期的に見ると、優良顧客の売上が市場シェアの回復にも機能することが予想されます。

要点BOX

●単価の高い施策を全顧客を行えば、マスマーケティングより効率が悪くなる。CRMでは、これを顧客の優良度合いに応じた形で行う

「顧客を選ぶ」ということ

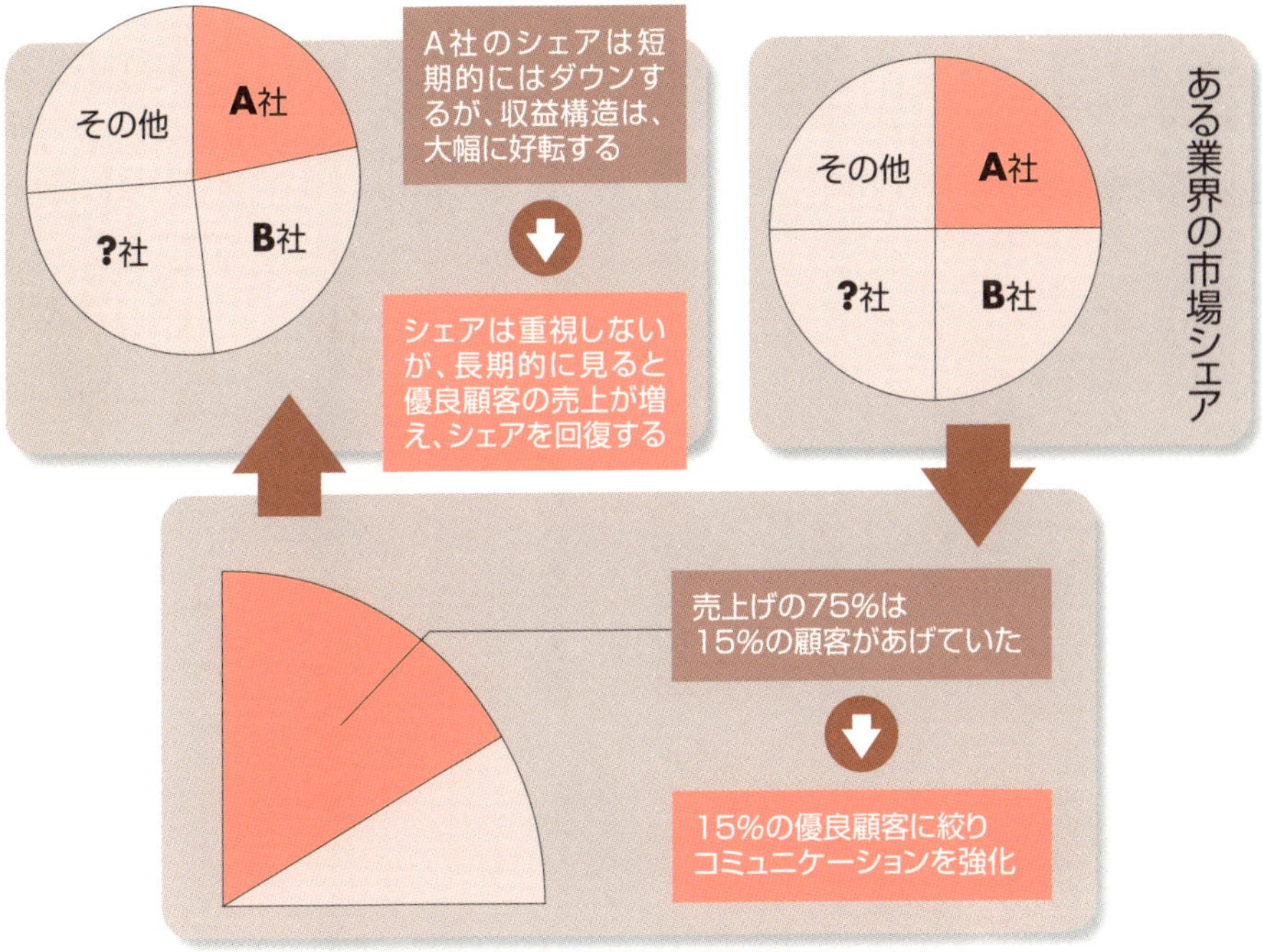
ある業界の市場シェア
A社
B社
?社
その他
売上げの75%は
15%の顧客があげていた
15%の優良顧客に絞り
コミュニケーションを強化
シェアは重視しない
が、長期的に見ると
優良顧客の売上が増
え、シェアを回復する
A社のシェアは短
期的にはダウンす
るが、収益構造は、
大幅に好転する

CRMで重視する 顧客シェア

毎月のガソリン代を見ていくと………
Aさん
I社 7000円
J社 4000円
K社 9000円
Bさん
J社のみ
4000円
J社の顧客シェアは
Aさんが20%、
Bさんが100%
同じ4000円の売
上げでも、Bさんの
ほうが、ロイヤリテ
ィーが高く優良度合
いも高い

10 LTVってなんだろう？

life time value＝顧客生涯価値

CRMの目的は顧客価値の最大化です。しかし、顧客価値をどう捉えるかがわからないと最大化などできません。これまで顧客シェアのことを話してきたが、CRMのミッションである顧客価値最大化は、顧客シェアで捉えるLTV（life time value＝顧客生涯価値）を最大化することを意味します。

LTVとは、顧客が生涯を通じてブランドもしくは企業にもたらすであろう利益のことです。つまり、顧客シェアを長期的に拡張した考え方とも言えます。顧客価値の最大化とは、個人ごとのシェアを最大限獲得することの永続的な営みから生まれるのです。

一つ例をあげましょう。ある人が長年、あるブランドのタバコを愛用してきたとします。しかし、何だか、最近、味が変わった気がします。にもかかわらず、しかるべき告知もありません。彼は不安に思って、お客様センターに「味が変わった気がするので製造サイドに確認して、しかるべき回答が欲しい」と言ったとしましょう。

この顧客は市場シェアで考えた場合、他の客と同じシェアを構成する一人の顧客でしかありません。

そう考えると、商品の200数十円よりコストがかかる今回のリクエストは赤字を生むだけの「迷惑千万」なものといえます。そのような発想でいくと、特別な対応、つまり特別にコストをかけることはできません。

一方、顧客シェアで考えた場合、どうでしょう？この顧客は愛用歴が長く、かつ、質問の内容からしてもロイヤリティーが高いことが想像できます。当然、LTVの面から考えると、しかるべき対応をする方が得策であることが容易に想像できます。

CRMは、”失敗“といわれるケースが多いのですが、中には、経営サイドがいまのように、費用対効果の捉え方を誤っているケースも少なくありません。その辺りを上手く説明できるか否かは、担当者がLTVの考えを理解しているかによるでしょう。

要点BOX

●LTVとは、顧客が生涯を通じてブランドもしくは企業にもたらすであろう利益のこと

LTVってなんだろう？

LTV ＝ 顧客生涯価値

Life **T**ime **V**alue

顧客が生涯を通じてブランド、もしくは企業にもたらすであろう利益の総額

つまり

顧客シェアを長期的に拡張した考え方。

（顧客価値の最大化＝顧客シェアを最大限獲得し続けること）

ロイヤリティーの高い顧客に対する企業の認識

市場シェアで見た場合

A社のシェアを構成する
一人でしかない

顧客シェアで見た場合

顧客シェアを考えると、
LTVの大きな優良顧客は
特別な存在である

11 LTVは高額商品だけの考え方?

「顧客価値を最大化させる」という目標のための指標

LTVの考え方が普及していない頃、つまり市場シェアオンリーの考え方だった頃は、一人一人のニーズに対応できるのは、自動車等、高額商品のように一回の購入あたりの利益が大きい商品だけであると言われていました。

例えば、7~8年前、私がまだ社会人1~2年目だった頃、ある飲料会社のビールの購入者一人一人の顧客情報をとるというキャンペーンの企画に関わりましたが、その当時はこの企画は多くの人に首をひねられました。缶ビールは230円。とても、そんなコストはかけられないと思うのは無理からぬことでした。

しかし、LTVで見た場合、事情は少し変わってきます。特に、ビール、缶コーヒー、タバコのように毎日習慣的に消費され、ブランド指名買いの割合が高い商品の場合はなおさらです。

LTVをわかりやすく説明するために、かなり単純化した算出例になりますが、例えば、毎日、平均2本ビールを飲むヘビーユーザーの場合、アバウトに計算すると左頁の図のようになります。

これまでは顧客情報をデータベース化していても、郵便のDM、テレマーケティングなどのダイレクトマーケティングは郵送料や人件費の高い日本では高価な施策であり、活用方法がありませんでした。

しかし、Eメールなどの個別対応が安価で容易なツールの普及でこれらの小額の商品を扱う企業もダイレクトマーケティングに注力するようになりました。

ここで一つ補足ですがLTVはあくまで仮説でしかありません。きっちり計算できるとしたら、それは顧客を失ったり、顧客が死亡した時となります(会計上のNPV=正味現在価値という考え方を基に換算、評価する方法はありますが、万能ではありません)。

LTVは、概念として捉えるべきであり、「顧客価値を最大化させる」というCRMの目標のための指標、考え方として理解するのが良いでしょう。

要点BOX

- Eメールなどの個対応が安価なツールの普及で小額商品を扱う企業もダイレクトマーケティングに注力するようになった

LTV（顧客生涯価値）の例

優良顧客層

缶ビール（230円）
×
1日2本
×
365日
×
40年
×
ブランド指名率100%

なんと**6,716,000**円

毎日、A社のビールを2本飲んでいる人

一般顧客層

缶ビール（230円）
×
1日1本
×
365日
×
40年
×
ブランド指名率10%

335,800円

一日1本ビールを飲んでいる人で、
10日に1回A社のビールにしてる人

参考までに…（自動車と比較すると）

6年に1台購入、1台平均200万、
ブランド指名率40%

200万×6台×40%

4,800,000円

12 CRMはなぜ失敗するのか？

CRMにアナログは重要？

　これまでＣＲＭの基本セオリーに関してはみっちり学んできましたので、今回は、セオリーと正反対の、非常にアナログな話をしたいと思います。とはいっても、実はＣＲＭにおいてこのアナログな部分はとても重要なのです。

　ＣＲＭ導入の失敗例が多いことを証明する有名なレポートとして米国ガートナー社のレポートがありますが、そこでは「55%のＣＲＭプロジェクトが何の効果もあげていない」と語られています。

　その原因を多くの識者が語っていますが、その原因として語られているのはほとんど、システムオリエンテッドな（システムを主要因とする）問題点です。しかし、システムの相性などシステムが原因といわれているものも、実際は人の問題であることが多いのです。

　例えば、大規模なパッケージシステムを苦労して導入しても、これまでの運用体制とのギャップが大きい場合、往々にして、問題が生じ、ＣＲＭ失敗への途を辿りがちです。また、データ蓄積の予測が数値目標に寄り過ぎて算定されてしまっていたため、実際の蓄積との乖離が生じてしまうこと等が多いのです。

　これらは一見、システムの問題ですが、本質の部分では、システムではなく人の問題です。

　ＣＲＭに限らず、ＩＴはほとんどミスや失敗は人的要因であることが多いのですが、特にＣＲＭはコミュニケーションが重要になります。

　例えば、ビジネスの場で「新任の上司や部下は実力的には問題無いのだが、前任者とはあったような『あうん』の呼吸がないので、アウトプットがあがらない」とか、「新入社員は感情のコントロールができないので、正しいことを話しても指導の効果が上がらない」という悩みをよく聞きます。これらの多くは「テンションのギャップ」が生じていることが原因です。

　実は、ＣＲＭの問題はここにあることが多いのです。詳しくは次章でご説明します。

要点BOX

●ＣＲＭの失敗の原因は、ほとんどがシステムにあるといわれているが、実際はほとんどが人の問題

CRMの失敗の原因は？

ほとんどシステムを主要因とする問題点と言われているが
……実際は人の問題である場合が多い

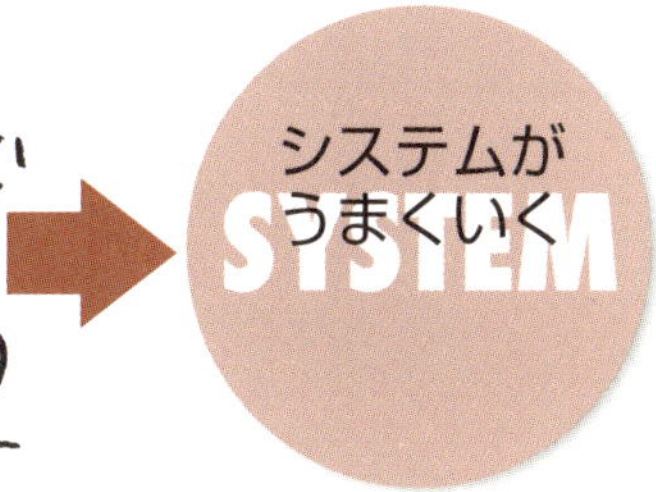

コミュニケーションがとれている

コミュニケーションがとれていない

システムの相性の問題

＝これまでの運用体制とのギャップが大きいことが問題の本質

導入後の効果が著しく悪い

＝効果予測が数値目標に寄り過ぎて非現実的なものが算出されている
＝システム導入の目的が十分に煮詰められておらず、効果が的外れ

CRMに限らず、ITのほとんどの
ミスや失敗は、人的要因あることが多い
特にCRMはコミュニケーションが重要！！

13 CRMの阻害要因「ギャップ」

ロイヤリティプログラムが失敗する理由

システムの問題はCRM成功の阻害要因の1つでしかありません。CRM成功を阻害するもう一つの原因がコミュニケーションにおける「スタンスの差」です。筆者は、新任管理職やマーケティング部門への異動者に対するマーケティング研修で企業に呼ばれることが多くあります。

その際、「僕は客の感情を読んだりするアナログなことは苦手だ。それより科学的なCRMやマイニング等のマーケティングのアプローチを学びたい」という意見にたまに出会います。

しかし、そういうスタンスでマーケティングを学んでも上手くいきません。CRMやマイニングはITでなく、理論でもないのです。キーになるのはコミュニケーションなのです。

恋愛で上手くいかない理由に2人の間の「テンションの差」という原因がよくあります。

例えば、軽い気持ちでデートに応じた女性に対し、熱烈なアプローチは確実に引かれるだろうし、相手のことを必要以上に知っていたら嫌がられるでしょう。

これは別段、恋愛ベタな人の話ではありません。マス対応でなく個対応のコミュニケーションだからと言って、見込客に対して、上得意のような対応をしたり、顧客情報がとれているからといって、必要以上にそれを活用しすぎてしまう逆効果施策はよく見られます。

左の頁にCRM失敗の典型例を恋愛に例えてみました。実はこれは、優良顧客優遇を目的としたロイヤリティープログラムで失敗している企業の典型例です。これらはベネフィット訴求により、顧客の「行動」をしばる施策ですが、これではマイレージやポイントの償還で顧客とのリレーションが途切れてしまうことが珍しくありません。Aさんの失敗とまったく同じです。リレーションやロイヤリティー形成には、ITを導入するだけでなく、コミュニケーションがいかに重要であるかを理解する良い例だと思います。

要点BOX

●ベネフィットでしばるだけでは、マイレージやポイントの償還で関係が途切れてしまう。つまり「関係性の構築」が重要！

CRMの阻害要因「ギャップ」

これを聞いてどう思っただろう？

恐らく、「Aさんは彼女を物でつるだけで、
心をつかもうとしてなかったんじゃないか？」とか、

「コミュニケーションのとり方が下手だな。」

等と思っただろう。しかし、これは恋愛下手な人の話ではない。

Column

インターネット時代以前のCRM

本書の本稿ではみっちりCRMについて勉強しますので、章末のトピックでは、CRMの周辺の知識を深めて頂きたいと思います。

とはいえ、最初から堅苦しい話もなんですので、最初はこぼれ話的な軽いものにします。

私（監修者＝藤田憲一）とCRM（らしきもの）との出会いは大学時代に遡ります。

「らしきもの」と表現したのは理由があり、当時はCRMという言葉はなく、その祖先といわれるインターネット黎明期の「ダイレクトマーケティング」との出会いだったからです。

当時、私は司法試験の勉強の過程で工業所有権法という、いわば著作権法に出会いました。90年代前半の当時、インターネットの概念はまだ日本では普及していませんでしたが、双方向、個対応など米国ではマス・マーケティングからダイレクトマーケティングに大きく時代の流れが変化するということが盛んに語り合われていました。

そういう欧米の文献等を読み漁るうちに私は工業所有権というよりも新時代のマーケティングというものに関心が移っていき、結局、広告会社に入り、ダイレクトマーケティングを行うことになりました。

しかし、よくそのように誤解されるのですが、私は最初からダイレクトマーケティングの戦略部分の業務を担当したわけではありませんでした。

つまり、データベースを用いて、DMなどのヒット率を予測したりという所謂、データベースマーケティングといわれる部分を担当したのではなく、広告会社でいうSP（＝セールスプロモーション。つまり販売促進）という部分、その中でも「フルフィルメント」といわれる部分を担当しました。

具体的にいうと、懸賞キャンペーンの際、はがきなどの応募物を管理したり、キャンペーンの各種問い合わせに対応する部門です。

一見、CRMと何の関係もない業務のように感じますが、実際はこれが今の仕事、つまりCRMに密接に関連しているのです。それはなぜか？

現在のCRMはインターネットというITの進化だけでなく、その当時のトライ&エラーが活かされているからです。

その辺りのお話を詳しくは次項以降でお話しします。

第2章
CRMのキー=ブランド

14 ブランドの価値を高める活動

ブランディング

ＣＲＭにおいてコミュニケーションは大変重要です。顧客のロイヤリティを醸成したり、顧客とのリレーションを形成する手段もコミュニケーションです。

では、顧客とのリレーションを形成・維持するために、どのようなアプローチでコミュニケーションをするべきなのか？この「いかに顧客と良好なコミュニケーションを行うか？」のキーになるのがブランドです。

製品には製品本来の機能である「有形価値」以外に「無形価値」があります。ブランドを定義する方法の代表が、このように「有形価値」と「無形価値」に分け、「無形価値」の代表的なものがブランドとする方法です。

「有形価値」の管理は品質を高める等、管理するのが容易ですが、「無形価値」の管理は大変であることは想像がつくでしょう。この管理の難しい無形価値であるブランドを管理する活動が近年とみに耳にするブランディングです。

しかし、一般的に使われているこの「ブランドを管理する」というのは、ある意味、意味不明の言葉です。皆さんはブランドの価値を高める活動＝「ブランディング」と覚えておけばいいでしょう。

さて、そもそも、なぜブランディングは近年、注目を浴びるようになったのでしょうか？

その答えは、「各商品間の機能、性能の差が、技術の発達、成熟した現代では ほとんどなくなったから」です。つまり、消費の決め手になるのは、有形価値よりむしろ無形価値なのです。

そして、もう一つ重要なブランドの効用が「価格競争力を排除する効果」です。例えば、缶コーヒーは120円、他のスタンドコーヒーショップなら100数十円ですむところを、スターバックスやタリーズでは300円のお金を払わせることができます。

これなどはまさにブランドの効用の良い例といえるでしょう。

要点BOX

- ●製品本来の機能＝「有形価値」
- ●「有形価値」以外＝「無形価値」

ブランドの価値を高める活動

製品の価値は…

有形価値
＝製品本来の
機能による価値

＋

無形価値
＝製品本来の
機能以外の価値

ブランディング（ブランドの価値を高める活動）

問合せ対応

店員の対応

15 ブランドイメージとブランド経験

CRMの成否のキーはこの視点の有無！

ブランドがいかに企業によい効用をもたらすかはわかったでしょう。CRMを行うにあたって、このブランディングの視点があるかないかでは雲泥の差が生じます。リレーションを築き、ロイヤリティを醸成するというCRM活動のキーがこのブランドだからです。

ですので、よくこのブランドについて理解して下さい。さて、本題に戻りましょう。

ブランドは「ブランドイメージ」と「ブランド経験」の2つの要素で成り立ちます。

ブランドイメージとはいわば「企業と顧客との約束」です。そして、このブランドイメージという「約束」を実行するのが「ブランド経験」です。

顧客とのリレーションは、「ブランドイメージ」という「約束」を「ブランド経験」を通して「実行」し、それにより、さらにブランドイメージを高め、また、その高まったブランドイメージ（＝顧客の期待）に応えるという繰り返しにより築かれるものです。

ブランドイメージというものは高ければ高いほどいいのですが、その「約束」が叶えられなかった時の消費者の怒りはそれが高いほど大きくなります。

また、イメージの高い分、ブランド経験というハードルも高くなります。

例えば、スターバックスやタリーズはイメージの高い分、値段も高いですが、その雰囲気や味がファーストフードでは満足されるレベルでも、スターバックスやタリーズでそのレベルでは顧客は怒るでしょう（ファーストフード店にはソファはないし、コーヒーの香りもしませんよね）。

そういう意味では、ブランドは「無形価値」だけでなく、「ブランド経験」において「有形価値」の要素も重要になるのです。

ただし、有形価値は必要条件であり、十分条件でないことはいうまでもありません。

差別化のキーになるのは、無形価値なのです。

要点BOX

- ●ブランドイメージ＝「企業と顧客との約束」
- ●ブランド経験＝「その約束の実行」

リレーションを形成するコミュニケーションとは

BLAND IMAGE
（ブランドイメージ）
＝消費者との約束
ん〜♪
おいしー！
BLAND EXPERIENCE
（ブランド経験）
＝約束の実行

なぜブランドは近年、注目されるようになった？

商品間の機能、性能の差がなくなった

どのデジカメがいいかな…
B社
A社
C社

技術が発達、成熟

うん
撮るよー
それ、A社のデジカメでしょ！

消費の決め手になるのは、有形価値よりむしろ無形価値

16 経験価値

顧客は商品ではなく、商品が生む価値を求めている

これまでの、マーケティング、ブランディング、広告・販促コミュニケーションはどうやって製品を売るかで終わってしまっていました。

つまり、「ブランドイメージの構築」についてのみ語り、「ブランド経験」の要素がすっぽり抜け落ちていた、もしくは、ブランドイメージとブランド経験がリンクして語られていなかったのです。

しかし、CRMの時代は、パレートの法則や20対80の法則でお話したように、多くの商品は、一度の購入では、顧客への投資費用が回収できません。

また、現在のような商品の選択肢が多い時代は、ブランドイメージはブランド経験で強化しないと失われてしまいます。

平たく言うとこういうことです。

顧客とリレーションシップを形成して、優良顧客化させるには、購入客を満足させる経験が重要になるのです。

収益をあげるには、一度買った購入客に「リピート購入をさせて」、多くの優良顧客を捉える必要があります。

モノ余り以前の時代は、製品が提供する「ベネフィット（例えば、掃除機で掃除が楽になる等）」や、製品を「所有」すること自体により、顧客は満足を得ていました。それに対し、現在は、製品の「経験価値」と呼ばれる、「トータルな利用経験」が重要になっています。

この経験価値は、パイン、ギルモアの両名の著書により、マーケティングのトレンドとなっている言葉です。例えば、RV車を買う消費者は、RV車自体が欲しいのではなく、それで家族とレジャーに出かけたり、アウトドアライフを楽しむという経験がしたいのです。つまり、CRMの活動においても、そういうターゲットを選んだり、そういう経験への渇望を盛り上げるようなコミュニケーションが重要になるのです。

要点BOX

●ブランドイメージはブランド経験で強化しないと失われる

経験価値マーケティング

企業はモノやサービスを売っているのではない。
モノやサービスが提供する経験を売っている。
それが、経験価値マーケティング！！

ブランドイメージ構築のコミュニケーション手順

コンシューマーインサイト

消費者が欲しいものでなく、消費者の実現したいことを把握する。

消費者のパーセプションを管理

ブランドの課題、つまり、消費者と企業の間のギャップを埋める。

消費者にとって魅力的なブランド価値を訴求

つまり、良好なブランドイメージの構築

17 経験マーケティング

ブランド経験を想像させて購入に至らせる

　ブランド経験を渇望させる企業活動とは何でしょう？例えば、RV車であれば、「セダン」にはない、「レジャー感」を高めるような雰囲気。荷物を沢山積めたり、雪山でも運転が容易だったりする機能。それらのトータルな経験です。

　顧客を十把一絡げに捉え、スペックだけを訴求するマーケティングは終焉したのです。

　テレビCM等を見てもわかるでしょう。昔は、「動力性能が○%アップ」とか、「クラス最高の○○・・」とか、「小型車なのに○○・・」といったように、性能がいかに良いかというのを謳い文句にしたCMが多かったですが、現在では、「家族との団らん」や「アウトドア感覚」等、「その車を買うと楽しいことが叶いそうだ」という欲求を訴求するCMが多くなりました。このように企業のマーケティングは「経験訴求」にシフトしているのです。

　顧客のブランド経験は言うまでも無く、購買の前から始まっています。企業サイドは顧客に対し、ブランド経験をイメージさせるコミュニケーションを行うことで、購入意欲を換起するのです。

　そして、顧客サイドは、そのイメージを基に自分自身のブランド経験を想像し、ブランドへの思いを強め、購入に至るのです。美しいパターンは、その想像したブランド経験が購入後、期待通りだったとわかった時です。顧客は「約束が実行された」と感じ、リレーションが形成されるのです。

　つまり、ブランドイメージにより換起されるブランド価値はヴァーチャルなものでしかないのです。それをブランド経験により、顧客自身が固有のものにすることで顧客とブランドのリレーションシップは形成されるのです。

　つまり、「経験マーケティング」の役割は、消費者に「感動」と「共感」を与え、ブランド価値を生み出す有意義な「ブランド経験」を提供することなのです。

要点BOX

●消費者に「感動」と「共感」を与え、ブランド価値を生み出す「ブランド経験」を提供する

経験マーケティング

ブランドイメージにより換起されるブランドの価値は、ヴァーチャルなモノでしかない。

顧客とブランドのリレーションシップは、ブランド経験によってのみ形成される。

ブランド経験を通して、「感動」と「共感」を与えることにより、新たな価値を創造する。

18 ブランド経験を生むコミュニケーション

100のイメージより、1つの経験が勝つ

これまでの話でブランド経験の重要性はよく理解できたでしょう。

「百聞は一見に如かず」という言葉があります。100通りのブランドイメージを訴求するより、1つのブランド経験の方が、ずっと「顧客にささる」のです。皆さんもメールや電話でやり取りしていても一向に成約にいたらなかった案件が、実際に会って話してみると、スムーズに成約にまで至ったということが少なくないのではないでしょうか？

ブランド経験をもたらすコミュニケーションのミッションは何でしょう？

その答えは、「消費者との約束」である「ブランドイメージ」の実行です。そのために重要なことが何かをここでは学んでいきます。

ブランド経験において重要なキーは2つあります。1つは、「ブランド経験をもたらすコミュニケーションが企業全体で統一されていること」。もう1つは、「ブランド経験（＝ブランドイメージという約束の実行）は、顧客毎に異なるものであること」です。

しかし、「ちょっと待てよ。コミュニケーションが企業全体で統一されるべきなのに、顧客毎に異なるべきである、というのは矛盾しないか？？」と思った方もいらっしゃるでしょう。素晴らしい※ロジカルシンキングです。しかし、この2つは矛盾しません。

それはなぜでしょう？

この2つは、実はCRMで叶えられるようになったものであり、CRMと密接に絡むものであるのです。であるので、本来はロジック上は両立しないことが、CRMにより可能になったのです。

大袈裟に言えば、この部分がCRMの最大の特徴であり、「ウリ」でもあります。その辺りを次項で見ていきます。

※ロジカルシンキング…「論理的な考え方」のこと
同名の書籍のヒットでビジネス界のトピックになっている。

要点BOX

●コミュニケーションが「企業全体で統一」されていて、顧客毎に異なるものであることが重要

ブランド経験を生むコミュニケーション

ブランド経験の2つのキー

SPORTS CAR
スポーツカーのことならおまかせを!

1

消費者にブランド経験をもたらすコミュニケーションが…

企業全体で統一されていること

2

「ブランド経験＝ブランドイメージという約束の実行」は…

顧客毎に異なるものであること

19 統一されたコミュニケーションは必須

統一性の無いコミュニケーションが最もだめ

まず、「ブランド経験をもたらすコミュニケーションが企業全体で統一されていること」という点について見て行きます。

ブランド経験は「ブランドイメージという約束」の実行です。つまり、ブランドイメージという共通のアイデンティティーを基にコミュニケーションが統一、管理されていなければなりません。ＣＲＭが普及する前によくあったコミュニケーションのミスに、多大なコストをかけて、ブランドイメージを構築しても、それに反するようなコミュニケーションが行われる、というものがありました。

例えば、高級車がステータス感を訴求するＣＭ等のプロモーションを行っているのに、ディーラーでは、営業実績をあげる為に、ダンピングを行い、「競合車種よりずっと安いですよ」というセールストークで売っているというようなことです。

また、優良顧客優待のキャンペーンを行っているのに、店舗単位では業務が煩雑になるのを嫌い「うちではやってません」等というオペレーションをしていたりというシーンも頻繁に見られました。

また、顧客サポートでは、「電話のたらいまわし」という問題もあります。例えば、クレーム電話をかけた際、当該セクションに回されるたびに、一から内容を説明させられ、結局、結論が出ない。挙句の果てには、検討すると言ったままレスポンスが無いので、催促の電話を入れたら、前回の担当者を調べるのに延々、待たされる、といった事態が珍しくありませんでした。

ＣＲＭでは、ＣＴＩ等、ＩＴの技術で別々のコンタクトポイントのコミュニケーションを一元管理することができるようになりました。

ブランド経験をもたらすコミュニケーションとはこのように企業全体のコミュニケーション行動を管理するのです。ＣＲＭシステムやそれと連動したＣＴＩなどのコールセンター機能により、それが可能になったのです。

要点BOX

●ブランドイメージを基にコミュニケーションが統一、管理されていなければならない

統一されたコミュニケーションは必須

多大なコストをかけて、
ブランドイメージを構築しても…

ブランド経験は、企業が
「金太郎飴」状態でなければならない
（つまり、企業のどこを切ってもOne-face,One Voiceであること）

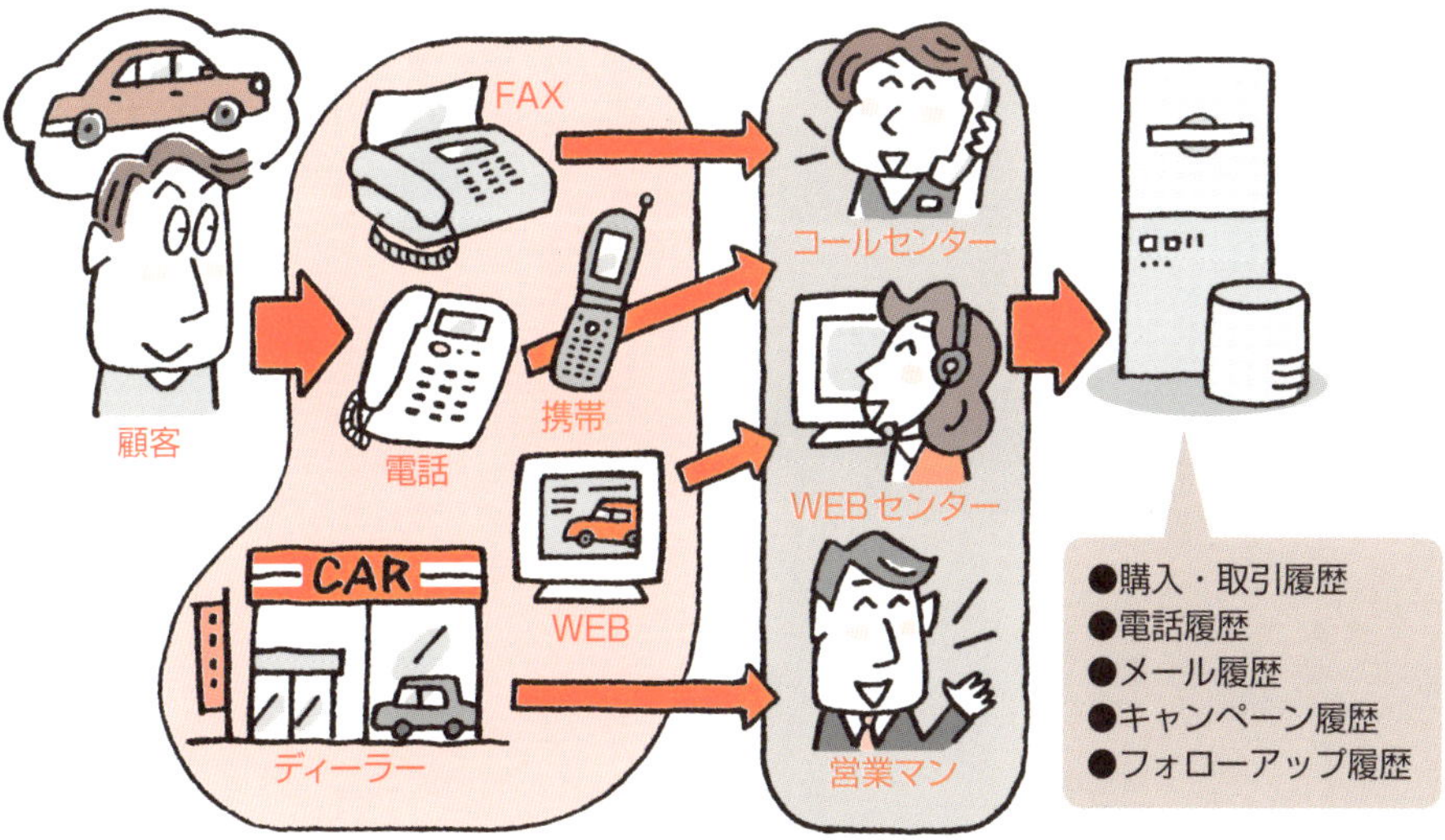

20 「統一性」と「個対応」を両立する

広告、販売、サポートで「バラバラの対応」

ブランド経験は企業全体で統一されていなければならないとお話しました。しかし、広告、販売、サポートで「バラバラの対応」というのが、残念ながら多くの企業の現状です。それではブランドマネージメントが適切になされているとはいえません。

ブランドマネージメントで大切なことはブランド経験が企業全体で統一されていることなのです。

しかし、一方で先にも述べたように「ブランド経験とは顧客ごとに異なるものでなければならない」のです。「ブランド経験は企業全体で統一されていなければならない」と言ったり、「顧客ごとに異なるものでなければいけない」と言ったり、一体どっちなんだ？とお思いの方も多いでしょう。そこで、この両者が矛盾しないことをご説明します。

2、3年前、自動車ディーラーで「ノンプレッシャー」、「ワンプライス」という施策が流行しました（「日産のカレスト」「GMのサターン」を思い出していただきたい）。これは押しつけがましい接客をやめて、値引き済みの価格表示で不透明な値段交渉を排すというコンセプトです。

巷のビジネス誌や多くのコンサルタントはこれを素晴らしいともてはやしましたが、私は懐疑的な目で見ていました。寄稿やインタビューでも「これが主流にはなりえないと思う」と述べて、顰蹙（ひんしゅく）を買っていましたが、現在では、私の異論が証明されています。では、なぜ、私はこれが主流にならないと考えたか？

それは、この施策が片手落ちだからです。

この施策は「ブランド経験を企業全体で統一する」という面では素晴らしい施策です。しかし、それだけでは「ブランドマネージメント」の視点からは不完全です。なぜなら、そこには「顧客ごとに異なる」という視点が必要であるからであり、それが欠落しているからです。

要点BOX

- ワンプライスは真の意味で公平ではない
- ブランド経験は顧客ごとに異なるものでなければならない

ブランドマネージメント

ノンプレッシャー

押しつけがましい接客はやめて

＋

ワンプライス

値引き済みの価格で表示で不透明な値段交渉を排す

＝

ブランド経験を企業全体で統一

↓

これだけでは片手落ち

↓

「ブランド経験」は顧客ごとに異なるという視点が必要

↓

個々の顧客にあわせた「ブランド経験の統一」でなければ意味がない

21 顧客ごとに異なるブランド経験を行う

ブランドイメージの捉え方は顧客により様々

前項で、ワンプライス制のディーラーは「ブランド全体の統一性」には優れていますが、「顧客ごとに異なるべきという視点」が欠如していると述べました。どういうことでしょう？

例えば、統一性に関しては、これまでのディーラーのように、「ある店は値引きには一切応じないのに、別の店はノルマが厳しいのか、ダンピング的な値引きをしている」といった、ブランド経験の齟齬が無い点で優れています。しかし、それだけでは「ブランドマネージメント」の視点からは不完全です。なぜなら、そこには「顧客ごとに異なる」という視点が欠落しているからです。

例えば、私の父は日産車ばかり何台も買い換えています。一方、私はいろいろな車に乗りたい主義で、メーカーはころころ代わっています。この2人に対し、ディーラーが同じ値段を提示するのは「平等」といえるかもしれませんが、「公平」とは言えません。

顧客サイドにとって、ロイヤリティを正当に評価できないのでは、最適なブランド経験とは言えません。もし、ワンプライスを徹底するのであれば、顧客の取引履歴をスコア化し、そのスコアを価格に反映させるといったことも必要になるでしょう。ブランドイメージというのは、顧客によって捉え方は様々です。なぜなら、顧客はブランドイメージを自分のブランド経験によって加工するからです。つまり、ロイヤリティが強ければ強いほど、顧客はブランドに期待するものも大きくなるし、逆に、ロイヤリティの強くないブランドに「熱烈対応」や、「個人情報満載」のプロモーションをされても、好きでない異性にアプローチされた時のような鬱陶しい気持ちになるだけでしょう。

ひところ、ストーカーという言葉が流行しましたが、顧客にストーカー扱いされないように、「ロイヤリティに応じたブランド経験」を心掛けてることが重要です。

要点BOX

●最適なブランド経験は顧客のロイヤリティを正当に評価することから始まる

顧客ごとに異なるブランド経験を行う

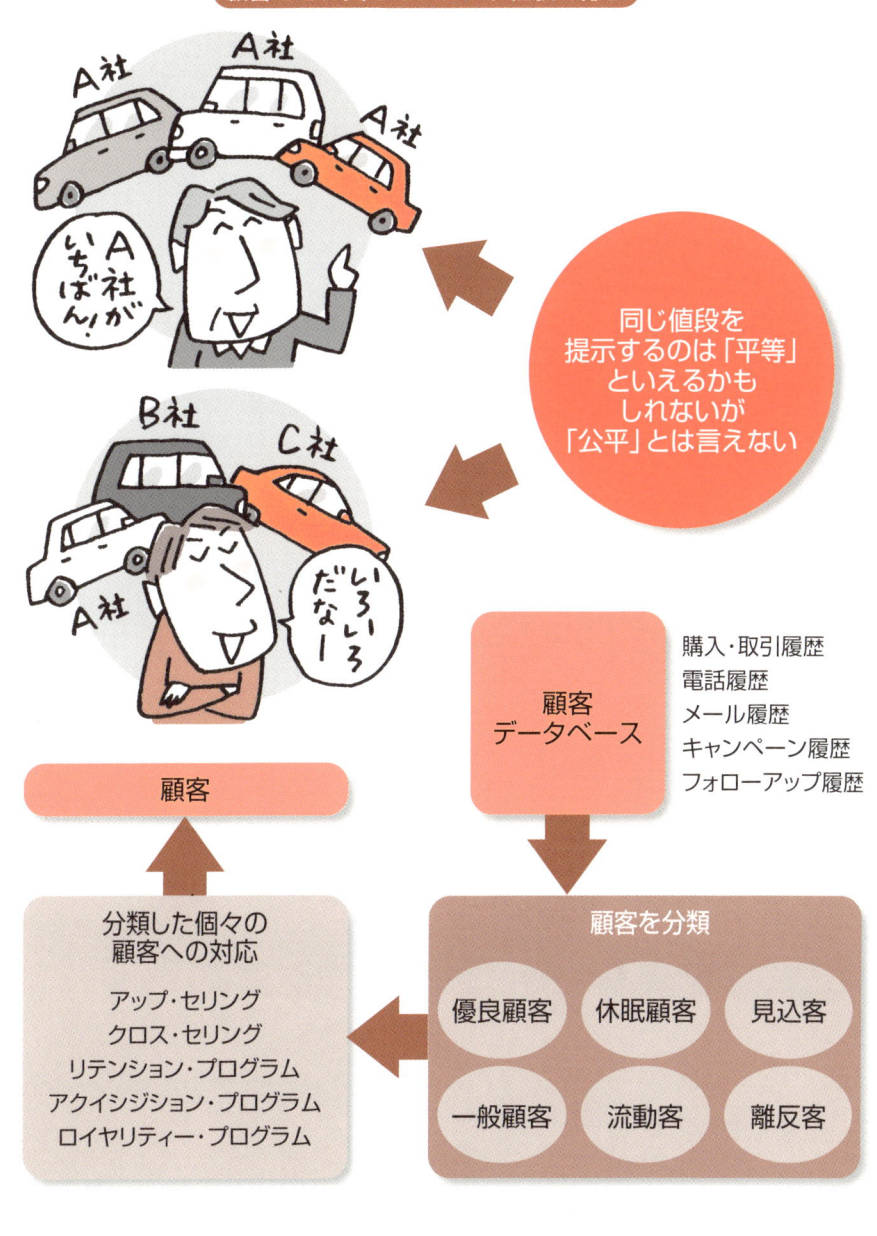

同じ値段を
提示するのは「平等」
といえるかも
しれないが
「公平」とは言えない

顧客データベース

- 購入・取引履歴
- 電話履歴
- メール履歴
- キャンペーン履歴
- フォローアップ履歴

顧客を分類

優良顧客　休眠顧客　見込客
一般顧客　流動客　離反客

分類した個々の顧客への対応

アップ・セリング
クロス・セリング
リテンション・プログラム
アクイシジション・プログラム
ロイヤリティー・プログラム

顧客

Column

インターネット以前にダイレクトマーケティングが普及しなかった理由

　ダイレクトマーケティングがCRMの基になったことはよく言われることですが、広告会社でSP（セールスプロモーション＝販売促進）のフルフィルメント（具体的に言うと、懸賞キャンペーンの際、はがきなどの応募物を管理したり、キャンペーンの各種問い合わせに対応する部門）設計の業務経験がCRMに繋がったという話は余り馴染みのないお話かもしれません。

　これらは、一見、CRMと何の関係もない業務のように感じますが、実際はCRMの普及や進化に密接に関連しているのです。

それはなぜか？

　現在のCRMはインターネットというITの進化だけでなく、その当時のトライ＆エラーが活かされているからです。

　例えば、当時、データベースマーケティングが注目され始めていましたが、その対象は高級車や航空会社のマイレージなど単価の高い商品が中心でした。その理由は2つありました。

　一つは、まだインターネットが普及しておらず、ダイレクトマーケティングというのはコストの高い郵送のDMが中心だったことです。

　郵送のDMは制作費、封入封緘費、郵送料など高額な利用料がかかります。

　米国では当時、郵送DMなどのダイレクトマーケティングはマスマーケティングにとって変わろうとしていましたが、日本は「人件費が高いこと」、「郵送料が高いこと」、「公的なリストが整備されていないこと」などの理由でダイレクトマーケティングは高価な施策になってしまっていました。

　もう一つはデータベースの技術や処理体制の未発達という理由です。

　これはマスマーケティング中心の時代が長く続いたということもありますが、これもコストの面の事情も大きいといえます。

　インターネットが普及した後は、WEBサイトやEメール経由で問合せ内容や資料請求者の情報がデジタルデータでそのまま入手できるようになりましたが、それまでは手書きのものを入力したりというコストがかかっていました。

　そういう事情からデータベース整備は単価の高い商品やサービスに限られていたため普及のスピードが遅かったのです。

第3章

CRMの基本戦略策定法

22 ＣＲＭのスタートは考えること

ＣＲＭは単なるマーケティング戦略ではない

ＣＲＭは単なる戦術ではなく、マーケティング戦略に留まるものでもありません。ＣＲＭは企業戦略の一環として進められるものです。

そのため、ＣＲＭ全フェーズで中心になるコミュニケーションの2つの要素も企業戦略の一環として策定されるべきなのです。この3者の関係は、自転車に例えると非常にわかりやすいものです。

ＣＲＭのスタートは企業戦略にあわせて、ブランドイメージをどう構築し、ブランド経験をどうデザインするかを徹底的に考えることから始まります。その企業にとって

・顧客の価値とは何か？
・顧客接点はどこにあるのか？
・アクイジションの課題は、キーは？
・リテンションの課題は、キーは？

それぞれの企業により、それらは異なるはずです。「それらを探す＝顧客とのコミュニケーションについて徹底的に考える」このことからすべては始まるのです。

また、組織の問題についても同様です。ＣＲＭはマーケティング、セールス、サービスの各部門間の情報ロス、歪み、ウイークポイントを改善し、スムーズな情報共有により、プロモーション～販売～アフターサービスという一貫した活動を実現するものです。当然、「考える」というプロセスを抜きにして、これらはありえません。

冒頭でＣＲＭ自体をパッケージングして提供などありえないと述べたのは、こういうことなのです。

「考える」という段階を経ず、ＣＲＭを導入すれば、いずれかの段階で、現状の組織や、社内の実情に対する不適合が生じ、多大なコストが無駄になってしまいます。

ＣＲＭは単なるシステムを導入すればＯＫではなく、それを何のために導入するのかが重要なのです。

要点BOX

●部門間の情報ロス、歪み、弱点を改善、スムーズな情報共有で一貫した企業活動を実現

CRM戦略とは？

キキキーッ
後輪にブレーキがかると、自転車は止まる
ブランドイメージ
この両輪は乗り手（企業戦略）によって方向付けられる
ブランド経験
ブランドイメージは、ブランド経験によるフォローがなければ、消え去ってしまう

CRM戦略の連携

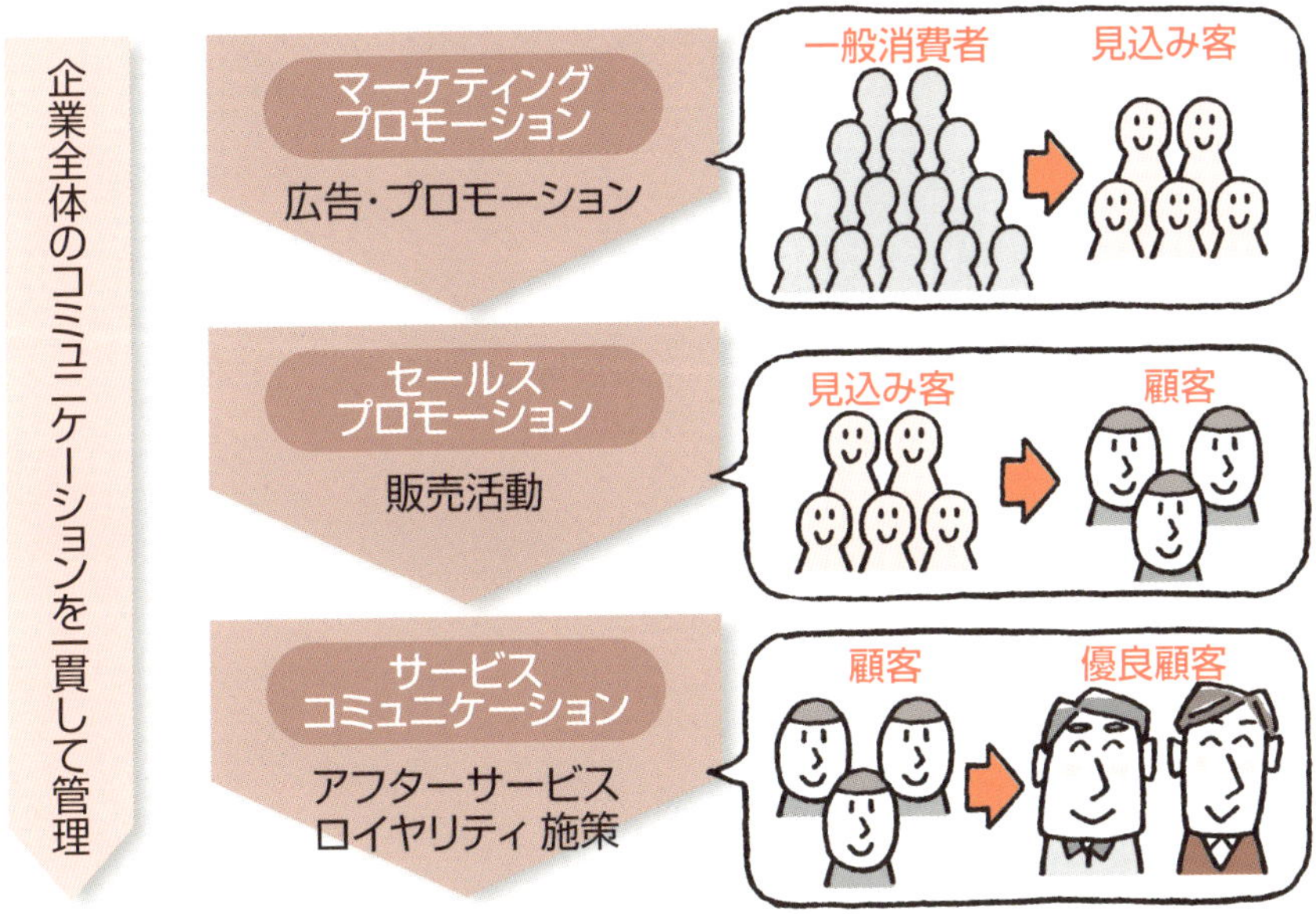
企業全体のコミュニケーションを一貫して管理
マーケティングプロモーション
広告・プロモーション
一般消費者
見込み客
セールスプロモーション
販売活動
見込み客
顧客
サービスコミュニケーション
アフターサービス
ロイヤリティ 施策
顧客
優良顧客

23

ＣＲＭの基本戦略の策定

例えるなら、「あてのない自転車旅行」の計画

ＣＲＭは「コミュニケーションについて深く考えることが大事」と述べました。

では、実際に、どういう順番でＣＲＭを考え、組み立てていくべきでしょう。

ＣＲＭの設計手順は以下のようになります。

①ＣＲＭの基本戦略策定
②ターゲッティング
③顧客ポートフォリオ管理
④リレーションシップ評価、管理
⑤アクイジション、リテンション各フェーズでのコミュニケーション計画。

まずは、基本戦略からお話しします。

基本戦略は前項の図でいうと自転車の進む方向を決めることです。

この場合、「本を買いに行くので、近所の○▲書店に行く」といったことでなく、あてのない自転車旅行を想像してみて下さい。あなたは、

・何のために
・どのような欲求を
・どうやって
・いつ
・いくら小遣いをはたいて

満たそうとしているのかを考えて、自分の目的地を決めるはずです。

もちろん、この基本戦略策定はスタート後でも行われることです。すべてを「走りながら考える」というのはいけませんが、完璧な計画を作ろうと思いすぎて、腰が重いのもいけません。

机上だけで、完璧な計画は作れないのです。ただし、戦略策定のフェーズでは、現在までのマネッジメントやマーケティングの見直し、将来を見据えて十分に考えることが大事です。そして、全体像が決まったら、各種施策を走らせ、随時、結果を検証し、その分析を行い、見直しを行っていくべきなのです。

要点BOX

●基本戦略は、「何のために？」「どのような課題を？」「どうやって？」「いつ？」「いくらの予算で？」ということから

CRMの基本戦略の策定

CRMの手順

CRMの基本戦略策定

↓

ターゲッティング

↓

顧客ポートフォリオ管理

↓

リレーションシップ評価・管理

↓

アクイジションリテンション各フェーズでのコミュニケーション計画

どこへ行こうかな
基本戦略は進む方向性を決めること

CRMの基本戦略策定とは？

貴社が

WHY どんな目的のために、

WHO どのような顧客をターゲットに設定し、

WHAT どのようなニーズを、

HOW どのような手段で、

WHEN いつ、どんなタイミングで、

HOW MUCH いくらのコストを投下して満たそうとしているのか？

徹底的に考えること。

24 基本戦略に沿って、適切なターゲティングを

CRM設計ーターゲット設定

ＣＲＭの基本戦略が決まったら、それを基にターゲット設定を行います。

ターゲティングはリテンション（顧客維持）を目的にしたものとアクイシジョン（新規顧客獲得）を目的にしたものに分かれます。

リテンションのターゲティングは、ブランドの最も重要顧客である優良顧客を維持したり、既存顧客を優良顧客へと引上げる為のものの2種類にわかれます。

既存顧客の維持が重要とはいっても、その流出をゼロにすることはできません。流出を補い、また、企業を成長させていくために、ＣＲＭが顧客維持中心の戦略といえども、アクイシジョン（顧客獲得）のフェーズは重要です。

これまでのターゲティングは、ブランド特性に合わせて、デモグラフィックス分類、サイコグラフィックス分類により行われてきました。

デモグラフィックスとは属性のことで、性別、年齢、居住地、職業、収入等を指します。サイコグラフィックスは、価値観や行動様式のことを指します。

例えば、「年収1000万以上」とか、「20代女性」といったのはデモグラフィックですし、「旅行が趣味」とか、「ファッション」に関心があるというのは、サイコグラフィックなわけです。

この2つは、双方掛け合わせることが必要です。例えば、ポルシェのターゲットは、「年収1000万以上」等という高収入のデモグラフィック属性とともに、「スポーツカー好き」という究めてレアな価値観等のサイコグラフィック属性が重なる必要があります。

ＣＲＭでも、このデモグラフィック、サイコグラフィックという要素は必要なものではありますが、ターゲティングのメインの要素ではありません。

では、ＣＲＭのターゲティングにおいて最も重要な要素は何でしょう。

その辺りを次項で詳しくお話します。

要点BOX

●ターゲット設定＝リテンション目的、アクイシジョン目的に2分される

CRMの手順

- CRMの基本戦略策定
- ↓
- ターゲッティング
- ↓
- 顧客ポートフォリオ管理
- ↓
- リレーションシップ評価・管理
- ↓
- アクイジョンリテンション各フェーズでのコミュニケーション計画

デモグラフィックスとサイコグラフィックス

デモグラフィックス分類の例

- ●性　別…男／女
- ●未既婚…未婚／既婚
- ●年　齢…～18才／～22才／～29才／～39才／～49才／～59才／60才以上
- ●職　業…学生／上場企業会社員／非上場企業会社員／会社員・管理職／会社役員・経営／医師／弁護士／公認会計士／自営業／専業主婦／兼業主婦／無職
- ●学　歴…中卒／高卒／専門卒／短大卒／大卒／MBA他
- ●年　収…～200万／～300万／～400万／～500万／～600万／～700万／～800万／～900万／～1000万／～1100万／～1200万／～1300万

サイコグラフィックスとデモグラフィックスを融合。ターゲットイメージを設定した例

ベイエリアタワーマンションタイプ別ターゲット設定例

商品	高層階広々リビング（2LDK7000万）	低層階平均間取り（3LDK4000万）
ターゲット	30代前半リッチ系 DINKS	30代前半リッチ系 ヤングファミリー
住まい	都心1LDK（賃貸）	横浜市2LDK（社宅）
会社	夫:IT系企業マネージャー 妻:外資系メーカー	夫:大手メーカー 妻:専業主婦　子供:幼児
年収	18000～2000万円	700～900万円（世帯収入）
所有者	欧州車クーペタイプ	国産レジャービークル
衣服	ポール・スミス、ユナイテッドアローズ	夫:ギャップ 妻:国内ブランド品
旅行	欧州	ハワイ
趣味	グルメ、ネットサーフィン	ゴルフ、スキー
音楽	キサナ・ドゥー系 ダンスミュージック	夫:J-POP 妻:ブリトニースピアーズ
TV番組	BSスポーツCH（大リーグ等）	夫:朝の番組 妻:ニュースステーション
雑誌	ニューズウィーク、パソコン誌	アエラ、日経トレンディー
映画	単館系ヨーロッパ映画	洋画話題作
週末	夜は都心で外食・カフェ、昼間は彼女とドライブ	車で買物
アフターファイブ	残業、金曜のみ大人系クラブ	創作和食系居酒屋

25 データベースに残る取引履歴を活用

購買パターンをクラスタごとに分類

ＣＲＭのターゲティングにおいて最も重要な要素はデモグラフィックス、サイコグラフィックスでなく何でしょう？

それはデータベースに残る顧客との取引履歴です。デモグラフィックスやサイコグラフィックスは各顧客を履歴により、各クラスターに分類するための基準の一つでしかありません。

リテンションのためのターゲティングでは、利益を最大に引き出せる顧客、ビジネスの機会を最大に得られる顧客のタイプを、購買等のコンタクト履歴や、デモグラフィック、サイコグラフィック等を基準にデータマイニング（データから法則性を導出する分析）し、導き出します。

例えば、「過去6ヶ月以内に家電の取引履歴がある顧客で、インテリアに興味がある30代前半の既婚女性は、普通の顧客より3倍、受注率が高まる」などといった法則を見つけるわけです。

同様に優良顧客の購買パターン、属性、行動様式を探り、既存顧客の中から、彼等と同じパターンに分類される（つまり、優良顧客にステージアップが予想される）層を抽出したり、現在の顧客と同様のクラスターに分類される潜在顧客を見込客として設定したり、というターゲティングが行われます。

例えば、高級カーテンや洋酒等の嗜好品を購入する率が高い顧客は優良顧客と購買パターンが似ているとか、自社の顧客は30代前半で年収５００万くらいが多いので、その層にＤＭを送ろうという具合です。

ＣＲＭは業種、企業、商品によって様々です。潜在客→見込み客→一般顧客→優良顧客、という流れの中のどの部分に注力すべきかはブランドによって異なります。

ＣＲＭの成功の糸口は、ブランドごとに最適なターゲティングが異なることを認識し、それを発見するキーを発見することだと言えます。

要点BOX

●ＣＲＭではモグラフィックス、サイコグラフィックスデータ以外に取引履歴が重要

CRMの手順

- CRMの基本戦略策定
- ↓
- ターゲッティング
- ↓
- 顧客ポートフォリオ管理
- ↓
- リレーションシップ評価・管理
- ↓
- アクイジョン リテンション各フェーズでのコミュニケーション計画

データベースに残る取引履歴を活用

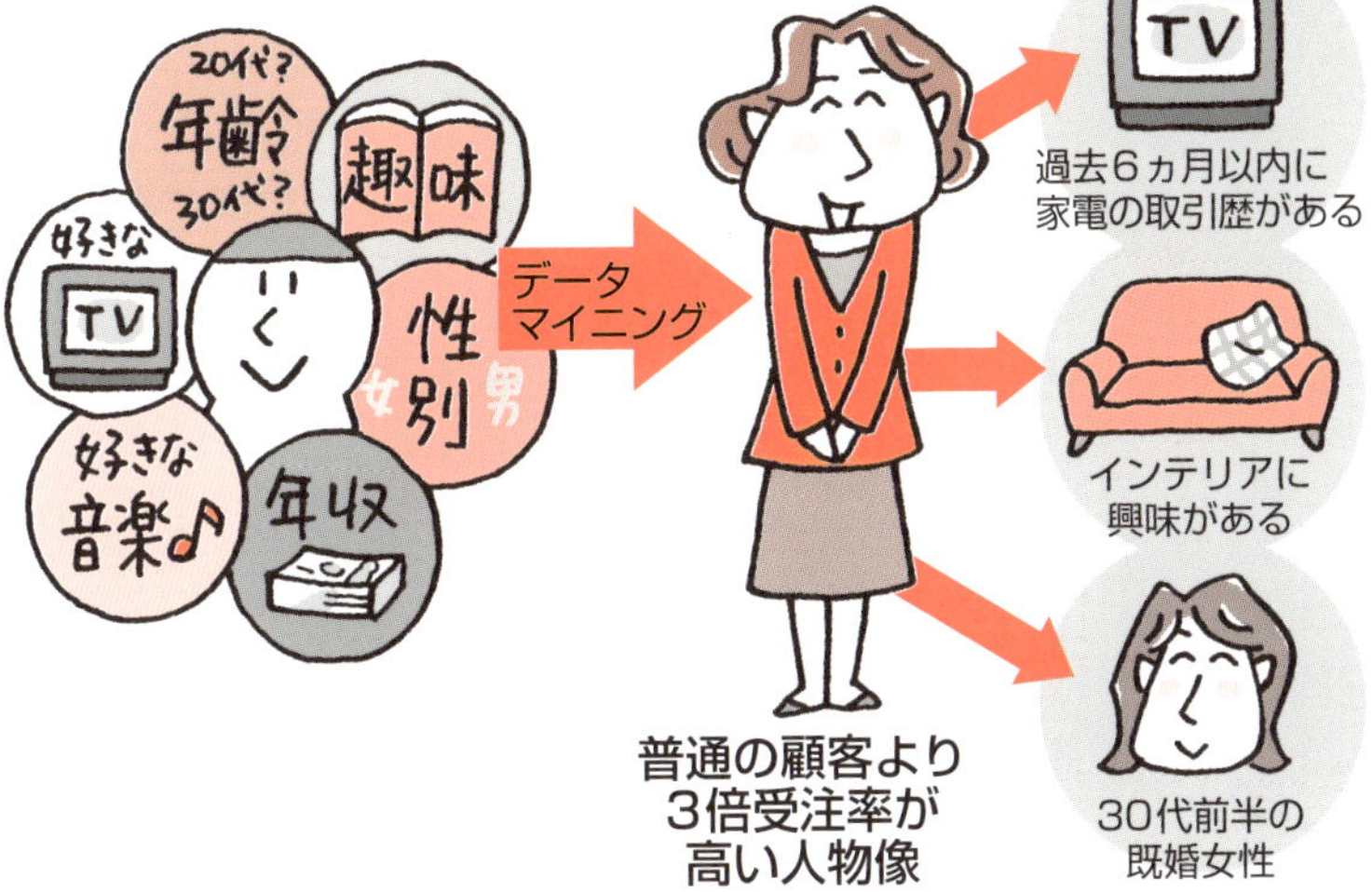

ターゲティング分類

リテンション・オリエンテッドなターゲティング

①最も重要な顧客はどんなタイプの顧客なのか？
- ●最大の利益を引き出せる顧客は…
- ●最大のビジネス機会を得られる顧客は…

②彼等はどんな特徴を持っているのか？
③彼等はどれくらい存在するのか？

ステージアップ・オリエンテッドなターゲティング

①優良顧客にステージアップする顧客はどんな特性を持っているのか？

アクイジション・オリエンテッドなターゲティング

①見込客となりうる人々はどんな特性をもっているのか？
- ●現在の顧客はどんな特性を持っているのか…

②見込み客になり、かつ、将来、優良顧客にステージアップするのはどのような層なのか？
- ●現在の優良顧客はどんな特性を持っているのか…

26

購買履歴をポートフォリオで4分類

「見込客」「顧客」「優良顧客」「問題顧客」

　ＣＲＭは顧客を平等でなく、公平に扱います。つまり、顧客をブランドサイドにとって「好ましい顧客」と、「そうでない顧客」に分け、異なる対応をするのです。顧客価値の高い層に手厚いサービスを行い、そうでない顧客には通常のサービスを提供することで、限られた経営資源を効率的に配分し、顧客価値の創造や拡大、維持を最大化します。そのためには、顧客を識別し、分類する必要があります。

　顧客の識別は、前項で述べたように、既存顧客も新規顧客も、履歴をキーに行います。

　製品のポートフォリオ管理を行う方法にＰＰＭという有名なモデルがあります。

　これまでのマーケティングは、市場シェアが重要課題であったので、市場シェアと市場成長率をキーにしたこのＰＰＭというモデルが非常に有効でした。

　しかし、ご存知の通り、ＣＲＭは顧客を中心とした考え方であり、また、課題になるのも市場シェアでなく、顧客シェアです。そこで、製品でなく、顧客のポートフォリオを管理する必要があります。

　左頁の図は、顧客のポートフォリオをＰＰＭと同じように4つのマトリクスで表現したものです。

　顧客のなかから、コミュニケーションを要するグループに分けられた以下のクラスタ

・「見込客」
・「顧客」
・「優良顧客」
・「問題顧客」

には、特別なコミュニケーションを行います。

　コミュニケーションの目的は当然、各々で異なります。例えば、矢印でしるしたように、ステージアップの推進、もしくは、ステージダウンの防止という具合です。ここに分類されない層は通常対応します。ＣＲＭは全顧客に同じ対応をしていては、マス以上に非効率な施策になるので、こういう選別が必要になります。

要点BOX

●顧客価値の高い層に手厚いサービスを行い、そうでない顧客には通常のサービスを提供

CRMの手順
CRMの基本戦略策定
ターゲッティング
顧客ポートフォリオ管理
リレーションシップ評価・管理
アクイジョンリテンション各フェーズでのコミュニケーション計画

購買履歴をポートフォリオで4分類

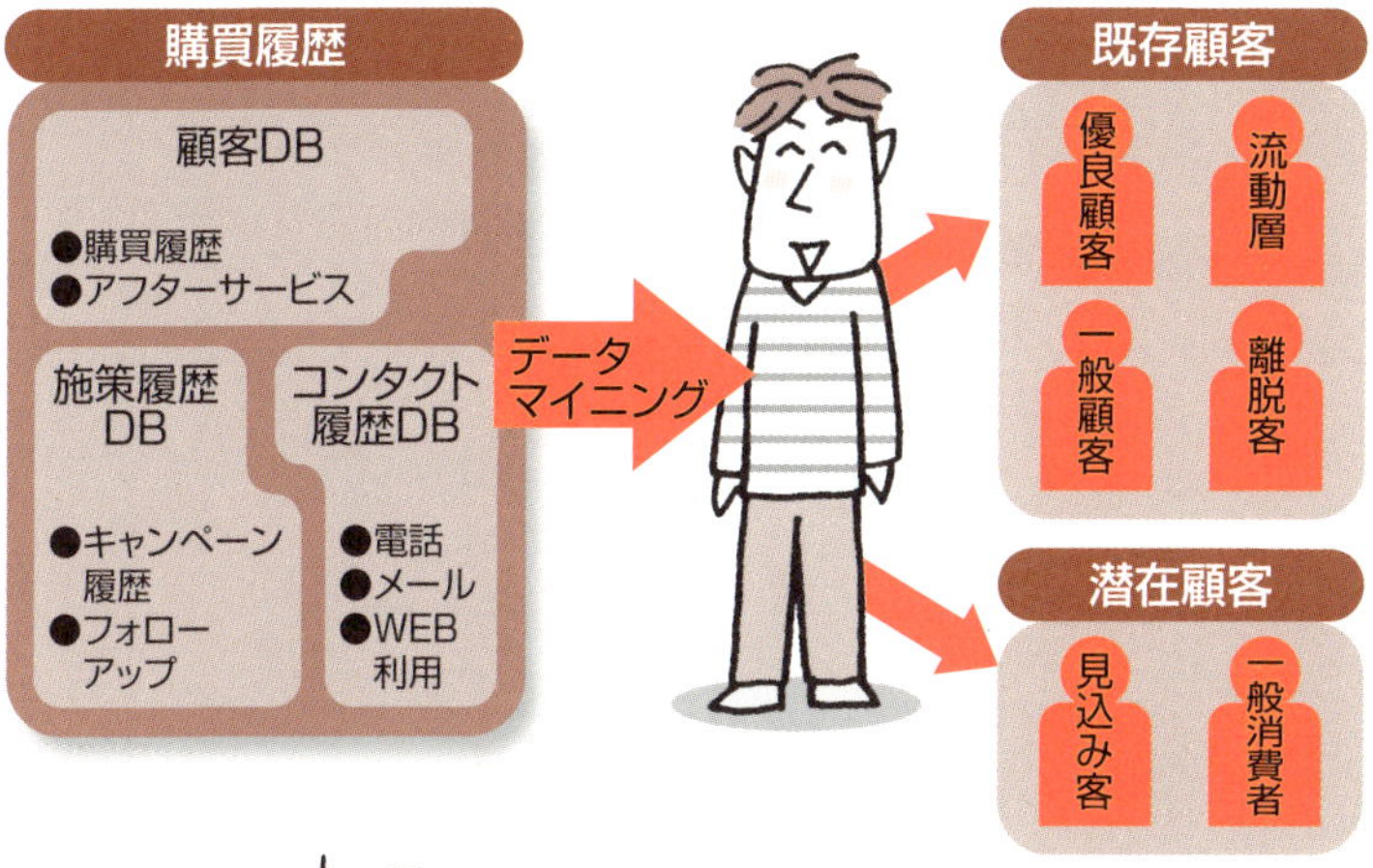
購買履歴
顧客DB
●購買履歴
●アフターサービス
施策履歴DB
●キャンペーン履歴
●フォローアップ
コンタクト履歴DB
●電話
●メール
●WEB利用
データマイニング
既存顧客
優良顧客
流動層
一般顧客
離脱客
潜在顧客
見込み客
一般消費者

高
低
プレゼント
うれしー
花形商品
投下資金も大きいが
収益も大きい。
資金効率の良い商品
大器晩成なんだよね…たぶん…
ボーッ
問題児
投下資金に対して、
収益の上がらない商品
金のなる木
投下資金は低いが、
収益は高い商品
ステキ
負け犬
投下資金が
無駄になるような商品
どーせオレなんてサ…
ヒック
高
市場シェア（%）
低

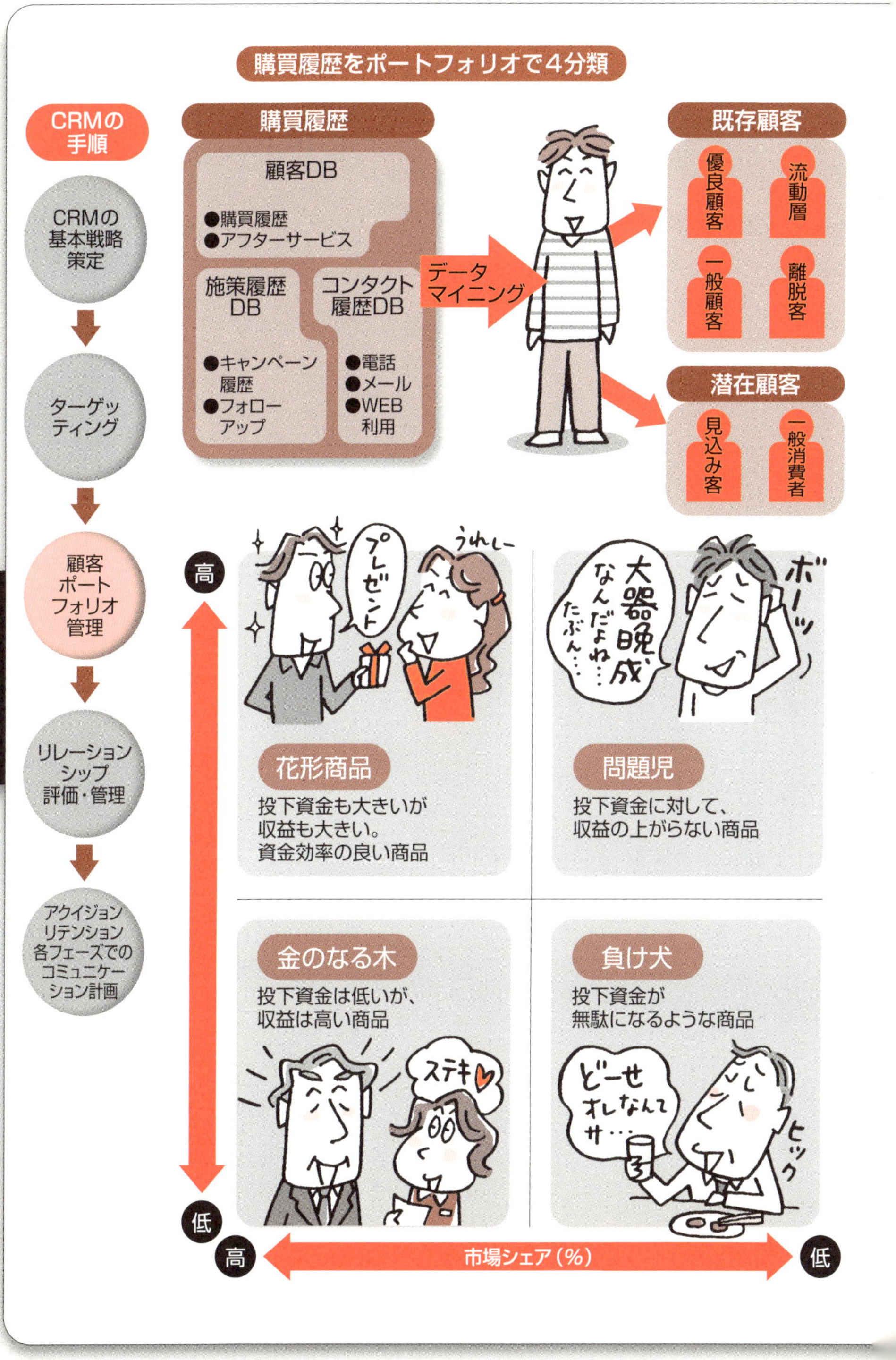

27 見込客を顧客にひきあげる

各顧客ポートフォリオに対する、ブランドサイドのリレーションシップ形成のミッションは、矢印で示されているとおりですが、その各々を「見込み客」へのリレーションシップと、「顧客」へのリレーションシップに分けてみていきます。

まずは、矢印①の見込み客へのリレーションシップ形成から見ていきます。

ここのミッションは、当然、見込み客から顧客へと引き上げることとなります。その際、以下の点への留意が重要です。

・見込み客の購買行動にどのようなファクターが影響するのか?

・そのファクターは、適切なリレーションシップ形成を経て、購買行動につながるものか?

前に話した「好きな女性の誕生日にヴィトンのバッグを買ってあげる約束で付き合い始め、失敗した男性」のことを思い出して下さい。彼は、見込み客の(有望)顧客化に成功したと思っていましたが、そうではなかったわけです。

顧客の前に(有望)という表記をしましたが、これには、意味があります。つまり、顧客になっても、問題客ではしょうがないわけです。

矢印①の顧客ステージアップに成功していたと思っていたら、実は矢印※①だったという失敗が意外にも多いものです。

前にあげた航空会社のロイヤリティープログラムの例を思い出して下さい。

ベネフィットで釣った客は、ポイントの償還時に他社にスイッチする危険性を高く孕んだ客です。つまり、プレゼントをもらった途端にふられたいう恋愛の話は企業と顧客の関係でもよくあるわけです。

見込客からの(有望)顧客化の際は、ここの見極めに常に留意するべきです。

要点BOX

●○見込客　→　顧客への引き上げ
●×見込客　→　問題客化

見込客を顧客にひきあげる

CRMの手順
CRMの基本戦略策定
ターゲッティング
顧客ポートフォリオ管理
リレーションシップ評価・管理
アクイジション リテンション各フェーズでのコミュニケーション計画
強
弱
顧客価値（購入額）
低
高
顧客価値（購入額）
このバッグください！
顧客（有望）
customer
❷推進
全部欲しーい！
優良顧客
Loyal customer
❶推進
防止
推進
見込客
Prospect customer
問題客
Probrem customer
ふーん
※❶防止
SALE
ワーイ！
安ーい！
行動
＋
心を囲い込む
＝
見込み客から顧客へ

28 既存顧客を優良顧客にするために

パレートの法則や、アクイジションとリテンションの1対5効率でも明らかなとおり、既存顧客に対するリレーションシップの重要性はいうまでもありません。既存顧客に対するリレーションシップでまず考えるのは、コミュニケーションに対する課題です。

これまで、市場シェアを重視していた頃は、顔の見えないマスの消費者に対するコミュニケーション課題の発見、つまり消費者の洞察（＝マーケティングでいうところの「コンシューマーインサイト」）、及び購買行動の喚起（＝マーケティングでいうところの「パーセプション・チェンジ」）がミッションでしたが、顧客シェアを重視するＣＲＭにおいては、既存顧客への洞察（＝カスタマーインサイト）による良好な関係作り、あるいは維持・強化がキーになります。

ビジネスが好調な企業は、見込み客に対する課題発見の取組はしても、既存顧客に対する課題発見の取組はおざなりになっていることが多いものです。

課題の明確化には、まずは、以下のようなことを考えてみることです。

・個々の顧客から最大利益を引き出しているのか？
・そのために、顧客接点から最大のビジネス機会を得ているのか？
・顧客が真に望んでいることを把握しているのか？
・必要としている人に、適切なタイミングで、適確な情報が届いているか？
・現在の、ＣＲＭがなぜベストなのか？違うやり方にすると何が起こるのか？

冒頭で、企業のトップマネッジメント（経営層）にＣＲＭの評判が悪いことをお話しした。

企業のトップマネッジメント（経営層）は、「ＣＲＭの導入でトラクザクション（業務処理）は効率的になったが、肝心な顧客とのリレーションシップ構築に利いているという感じはしない」と思っている傾向があり、前記のことはそれらを防ぐ意味でも有効です。

要点BOX

●既存顧客に対しては「利益の最大化」、「顧客接点の見直し」、「ニーズ把握」が重要

既存顧客を優良顧客にするために

CRMの手順

CRMの基本戦略策定
↓
ターゲッティング
↓
顧客ポートフォリオ管理
↓
リレーションシップ評価・管理
↓
アクイジション リテンション 各フェーズでのコミュニケーション計画

市場シェアの時代のミッションは？

●コンシューマー・インサイト
（消費者の洞察）

●パーセプション・チェンジ
（販売行動の喚起）

あったー CMのだ!!
このCMの化粧品!!

顧客シェアの時代のミッションは？

●カスタマー・インサイト
（既存顧客への洞察）

既存顧客のロイヤリティの維持・深化

やっぱりA社のがいいわ～
A社の化粧品
ドッサリ

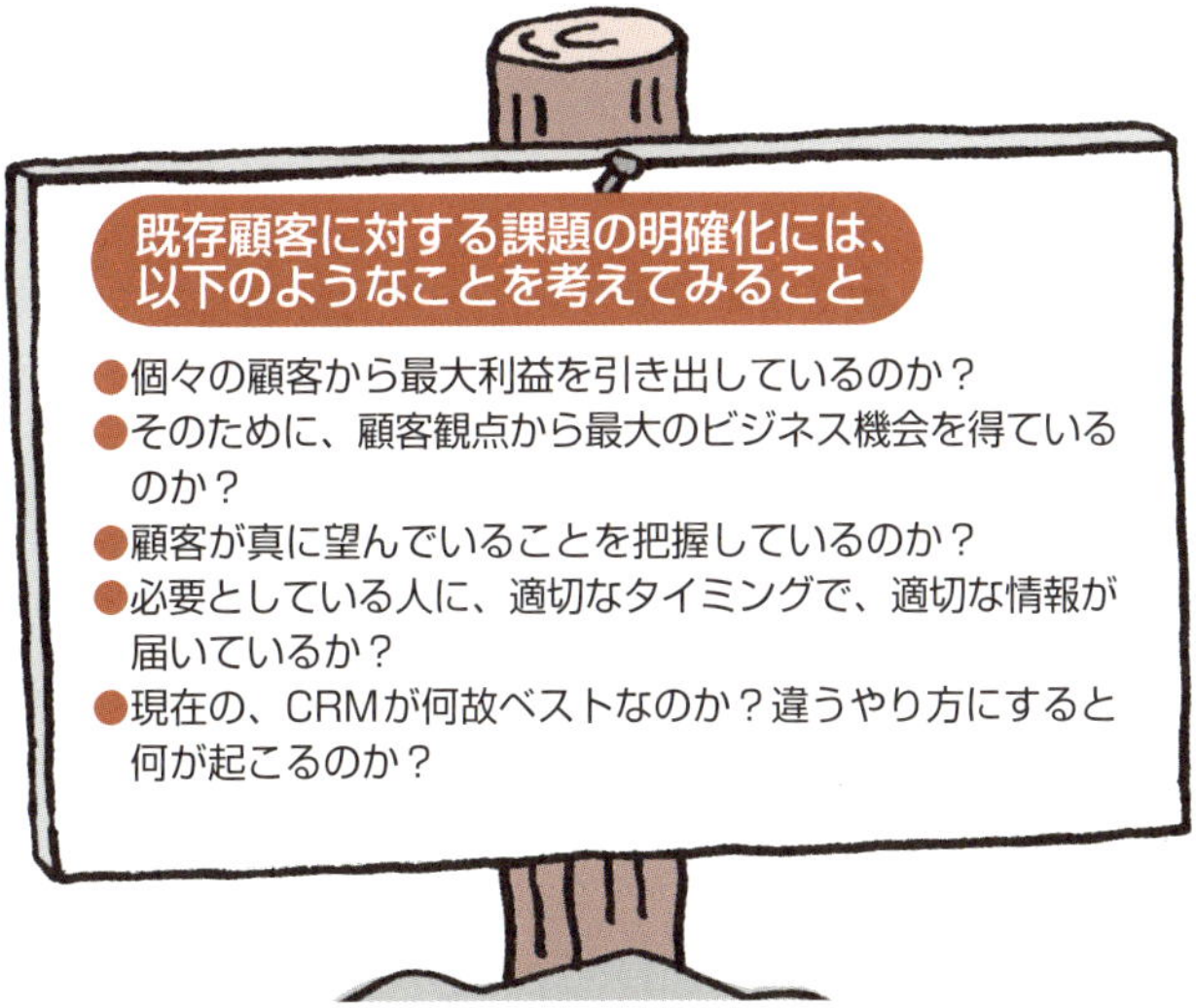
既存顧客に対する課題の明確化には、以下のようなことを考えてみること
●個々の顧客から最大利益を引き出しているのか？
●そのために、顧客観点から最大のビジネス機会を得ているのか？
●顧客が真に望んでいることを把握しているのか？
●必要としている人に、適切なタイミングで、適切な情報が届いているか？
●現在の、CRMが何故ベストなのか？違うやり方にすると何が起こるのか？

29 「顧客接点」と「顧客情報」

関係を深めたり、ビジネスにつなげる機会

既存顧客とのコミュニケーションの課題を考える上で、キーになるのが「顧客接点」と「顧客情報」です。

まず「顧客接点」についてですが、例えば、ＥＣやダイレクト販売であれば、請求書送付、商品送付、商品案内（カタログ等）送付等のタイミングが考えられます。

これらのプロセスの中で、顧客とのリレーションを深めたり、ビジネスにつなげる仕組みを考えることが重要です。

しかし、大多数のその他のチャネルの場合、顧客接点は限られてきます。ですので、その接点について、例えば、

・「顧客のライフサイクルの節目」
・「アフターマーケティングの機会」
・「アップセリング、クロスセリングの機会」
・「ＭＧＭ（友人紹介）のようなクチコミ的な拡がりが見込める機会」

等についての十分な考察と、その各々の機会の最大化が必要になってきます。

しかし、顧客接点に関する要素は単独で考えても余り答えが出てきません。なぜなら、顧客接点は顧客情報と密接な関わりがあるからです。

そこで、顧客情報に関する要素、例えば

・「顧客情報の取得タイミング、あるいは更新タイミング」
・「収集した情報の蓄積、共有、活用方法、その際の部門間での情報ギャップ」
・「収集した顧客に関する情報からの顧客像やニーズの捉え方」
・「情報に関するコミュニケーションの阻害要因」

等を十分に考察し、顧客情報を顧客接点に最大限に機能させることができるように考えることが重要になってきます。

要点BOX

● 「アップセリング」「クロスセリング」「アフターマーケティング」の機会を最大化

「顧客接点」と「顧客情報」

CRMの手順

- CRMの基本戦略策定
- ↓
- ターゲッティング
- ↓
- 顧客ポートフォリオ管理
- ↓
- リレーションシップ評価・管理
- ↓
- アクイジョンリテンション各フェーズでのコミュニケーション計画

顧客接点に関する考察

1. 顧客のライフサイクルの節目に、どの程度コミットできるか？（どの節目？どんなタイミング？どんなアプローチで？）
2. アフターマーケティングのポテンシャルがどれほどあるか？（修理、整備、問い合わせ、周辺用品購入の頻度がどれほどあり、その各々にどれくらいコミットできるか？）
3. その各々のタイミングで、アップセリング、クロスセリングの機会、そのポテンシャルがどの程度見込めるか？
4. MGM（友人紹介）のようなバイラル的な拡がりが見込めるか？（どんなタイミングで？　どんな風に？）

顧客接点を最大化させるための情報に関する注意点

- 顧客情報をどのタイミングで取得でき、更新できるのか？
- 収集した情報をどう蓄積、共有し、アウトプットの際に活用するのか？その際、部門間での情報ギャップはないのか？
- 収集した情報から顧客像を抽出、顧客ニーズを捉えられるか？
- 情報に関してコミュニケーションの阻害要因になっている点は？

30 優良顧客へのステージアップ

レコメンデーションエンジンの活用

次に矢印②番、既存顧客の優良顧客化についてみていきます。

このフェーズで重要になってくるのが、以下の二点です。

・個々の顧客から最大利益を引き出しているのか？
・そのために、顧客接点から最大のビジネス機会を得ているのか？

ＣＲＭは市場シェアでなく、顧客シェアを重視します。ですので、この二つの要素について深く検討することが必要です。

そして、その「考える」プロセスを経て、クロスセリング、アップセリングの施策に落とし込むのです。

クロスセリングとは、他の何らかの商品を購入してもらうための施策です。

一方、アップセリングは、さらに上位レベルの商品を購入してもらうことです。

例えば、自動車の購入履歴のある顧客に車検や冬用タイヤ、カーナビ等の付属品を案内するのはクロスセリングですし、ファミリーカーの購入履歴がある顧客に新型高級車の案内をするのは、アップセリングです。

また、このように顧客へ商品の推奨をすることをレコメンデーション、またはそれを略し、レコメン等と呼ばれます。

個々の顧客から最大の利益を引き出せてない場合、その引き出せてない分をレコメンデーションによるアップセリング、クロスセリングで顧客のニーズをいかに引き出し、収益に繋げるかが重要になります。

なぜなら、顧客のニーズを引き出せば企業にとって収益の最大化に繋がりますが、逆にニーズを間違って把握して、的外れなレコメンデーションを繰り返していては、顧客との関係を構築するというＣＲＭの目的に反して、逆に顧客を離れさせることになるからです。

ＣＲＭのレコメンデーション・エンジンはこのニーズ把握からレコメンを自動的に最適に行うものです。

要点BOX

●アップセリング＝上位商品の推奨
●クロスセリング＝併売の推奨

CRMの手順

- CRMの基本戦略策定
- ターゲッティング
- 顧客ポートフォリオ管理
- リレーションシップ評価・管理
- アクイジョンリテンション各フェーズでのコミュニケーション計画

優良顧客へのステージアップ

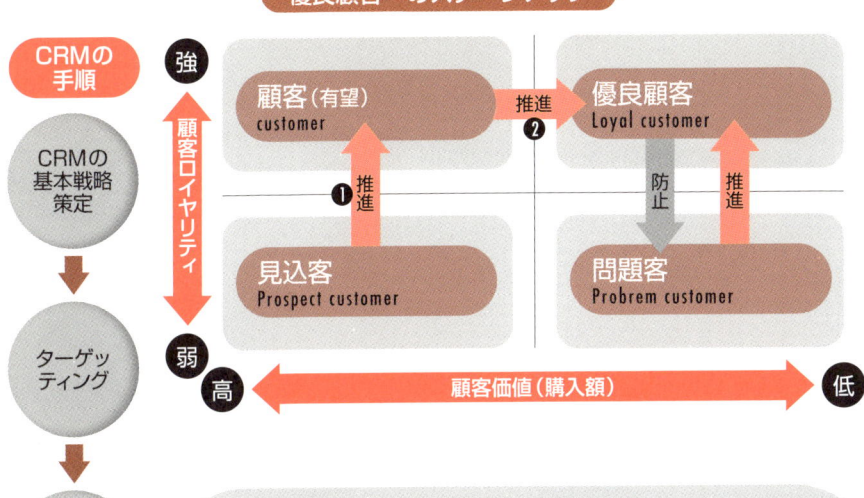

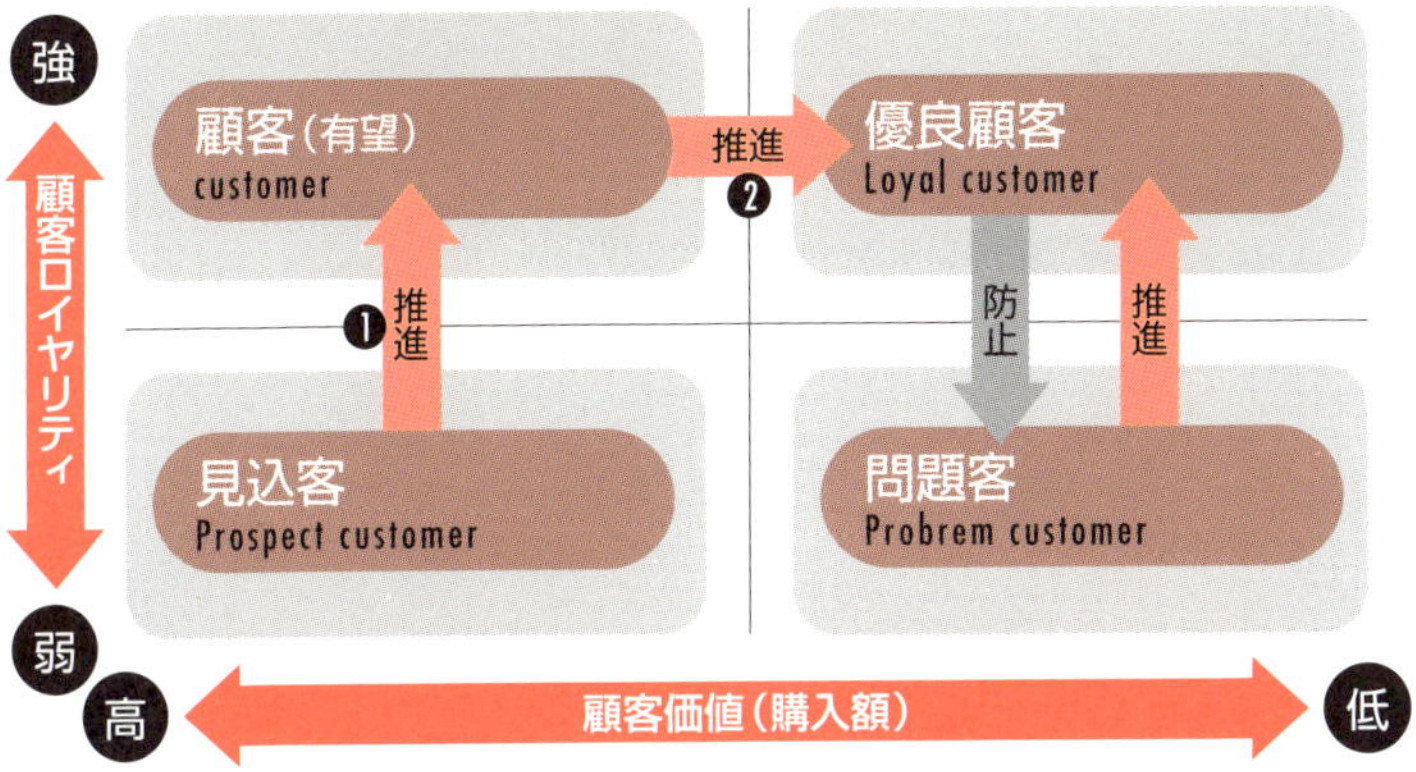

例えば、アップセリング

例えば、クロスセリング

31 レコメンデーションの具体例

レコメンデーションエンジンの効果の最大化

では、具体的にアップセリングやクロスセリングにつながるレコメンデーションはどのように行えばよいのでしょう？

それには、

・「アップセリング、クロスセリングの機会につながる顧客のライフサイクルの節目を有効に活用しているか？」とか、

・「アフターマーケティングのポテンシャルを最大化しているか？」

を考えてみることです。

例えば、百貨店なら、顧客のリクルート活動の時、スーツ類をレコメンし、就職の時の住所更新時に一人暮し用家電をレコメンし、結婚による登録情報の更新時に家具のレコメンなど、企業やブランドにより異なる機会の取りこぼしがないかをチェックします。

そうすることで、アップセリングやクロスセリングの機会を最大化できます。

また、アフターマーケティングについても同様です。

例えば、自動車ディーラーが、従来、車検の案内をしていただけだったのが、オプションにカーナビをつけなかった顧客にカーナビの案内をしたり、スキーキャリアをオプションでつけた顧客に、シーズン前にチェーンやスタッドレスタイヤの案内をする等により、アフターマーケティングのポテンシャルを最大化できるはずです。

パッとしないルックスでも、マメでモテル人がいますよね。この「マメ」というのが、まさに、ライフサイクルに伴う消費者ニーズの最大化と、アフターマーケティングにおけるポテンシャルを最大化することを意味するのです。

そういう意味では、やはりＣＲＭは恋愛と似ていますよね。

顧客に対して企業は「マメ」であることがＣＲＭの時代には求められます。

要点BOX

●マメというのがライフサイクルに伴う消費ニーズと、アフターマーケティング時のキー

アフターマーケティング

CRMシステム「BAY MARKETING」基本概念図

CRMシステム「BAY MARKETING」基本概念図

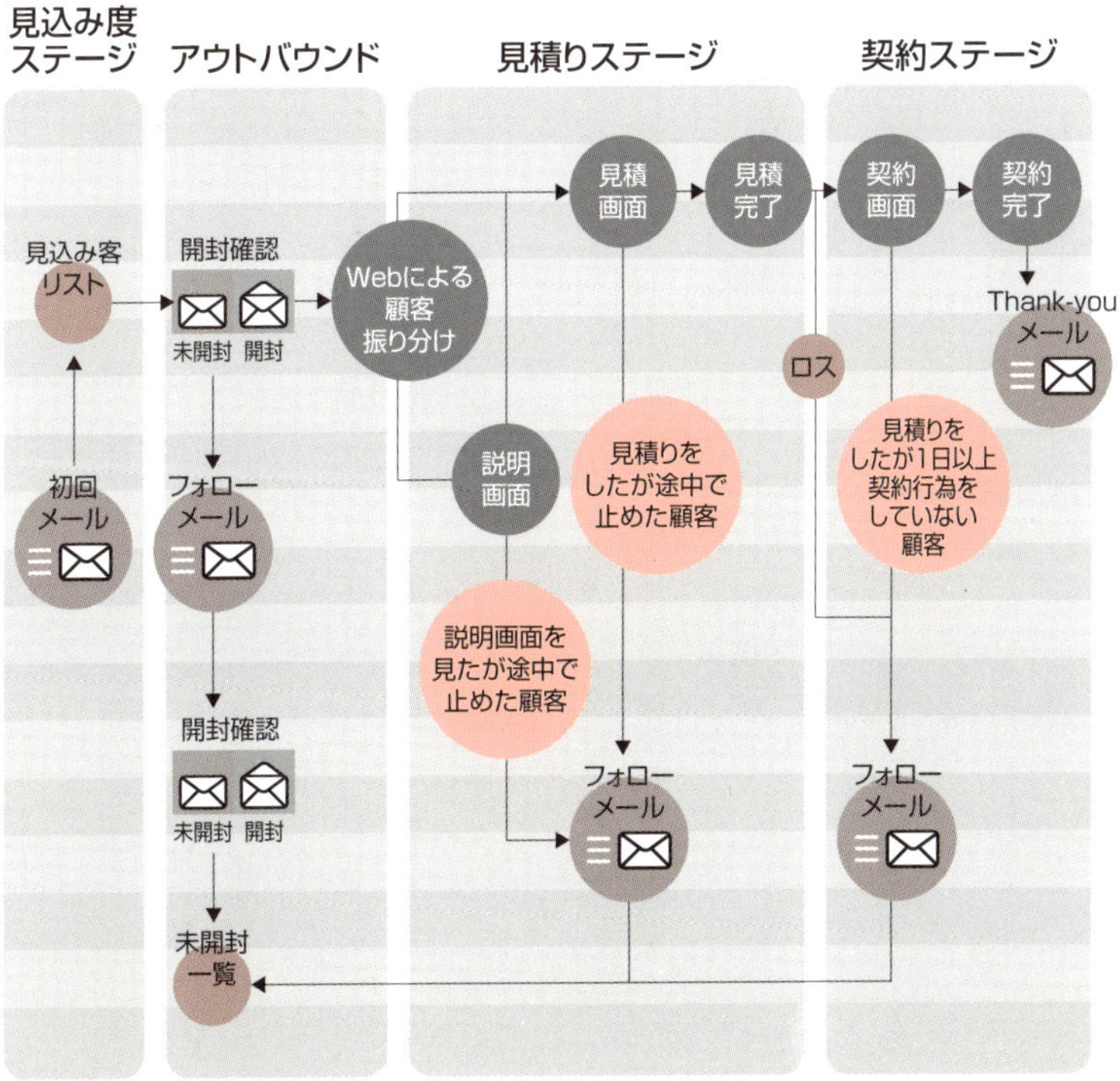

資料提供：ニューズウォッチグループ（株）ベイテックシステムズ

32 優良顧客のリテンション

顧客を優良顧客化するためには、アップセリング、クロスセリング等、顧客シェアを上げることに注力するのに対し、優良顧客のリテンションは顧客ロイヤリティーの形成・維持に注力します。

従来のマス・マーケティングにおいては、「コンシューマー・インサイト」という多数のマスの消費者のニーズ把握が重要視されていましたが、CRMでは「カスタマー・インサイト」という「自社の顧客を知ること」が重要です。

なぜなら、マス・マーケティングでは、アクイジション、つまり、新規の顧客獲得が重要になりますが、CRMでは優良顧客の維持、つまり、リテンションが重要になるからです。

カスタマー・インサイトは「レコグニション（認知）」「オプティマイズ（最適）」「ピースオブマインド（安心）」にわかれます。

レコグニションは、顧客データにより、顧客を識別し、それに応じた対応を行うことです。優良顧客は、ロイヤリティーの高い分、企業への貢献度に相応しい対応を受けたいと思っています。そういう顧客サイドの欲求を満たすことにより、ロイヤリティーを維持するのです。女性への誕生プレゼントだって、付合って1週間の人へのものと、1年付合ってる人へのものは違う筈です。

レストランなどオーナー経営しているようなところでは、「VIP客」、「常連客」など、これらは当たり前に行われてきたことですが、大企業では、「顧客平等主義」のもと、なかなか行われてこなかったものです。

「オプティマイズ」は、顧客の購入履歴、顧客属性等から、顧客に最適なタイミングで、必要なものを提供したり、顧客にあったお得なまとめ買いの組み合わせを提案したりという、いわば「痒いところに手が届くサービスを提供する」ことで、顧客の手間や出費をセイブすることです。

要点BOX

●「レコグニション（認知）」「オプティマイズ（最適）」「ピースオブマインド（安心）」

優良顧客のリテンション

期待
ワクワク…
優良顧客は、
ロイヤリティが高い分、
企業への貢献度に
相応しい対応を
受けたいと
思っている

CRMの手順

- CRMの基本戦略策定
- ↓
- ターゲッティング
- ↓
- 顧客ポートフォリオ管理
- ↓
- リレーションシップ評価・管理
- ↓
- アクイジションリテンション各フェーズでのコミュニケーション計画

カスタマーインサイトの3要素

新規顧客獲得のコスト	=	**認知**	顧客データにより顧客を認知し、適切な対応を行う。
コスト&タイム・セービング	=	**最適**	手間やコストを省く等、利便性の提供。
ピース・オブ・マインド	=	**安心**	本質的な価値の提供で、顧客をハッピーにする。

33 ＣＲＭの学習効果

昔の商人（あきんど）の得意技をＩＴの力で

「オプティマイズ」は米屋さん、酒屋さん等、日本の商人は旧来、これが得意でした。お客さんのことは、皆、頭の中に入っていて、「そろそろビールなくなるんじゃないの？いつものラガー1ダースでいい？そういえば、息子さん、成人式だろう？もう少し増やす？」等と、顧客の利便性に繋がるレコメンデーションを行っていました。

ＣＲＭはこれを、ＩＴの力（データベース、データマイニング）を借りて、膨大なデータを処理して、膨大な顧客に対して行うだけです。

ここで重要なのは、ＣＲＭには「学習効果」というものがあるという点です。

顧客へのレコメンデーションと、その結果、購入履歴等、データが蓄積されてくればくるほど、レコメンデーションの精度が上がり、利便性が増していきます。

逆に、このレコメンデーションの精度が悪いと、メール広告にしろ、メルマガにしろ、あるいは、サイトのカスタマイズ画面にしろ、もう、あなたはその企業のレコメンに見向きもしないはずです。

つまり、一度、顧客に信頼されれば、その企業のレコメンという利便性を失うことを考えれば、少々の値段の違いを無視してでもその企業を選ぶはずです。

最後の「ピースオブマインド」は、顧客を安心させることです。顧客は、商品を買ったあと、その商品に満足すれば、皆に自慢したり、推奨したりしますが、満足しなかった場合、自分の選択が正しかったのか迷い、自分の判断を正当化しようとします（これを「認知的不協和」という）。女性が買い物後に買った服を何時間も着てみたり、買った服を早速、着て、彼氏に見せるのを想像すればわかりやすいでしょう。

現在のように、商品が溢れていると、商品がよくても、他製品が目に入り、認知的不協和を引き起こしがちです。そのため、顧客を安心させるフォローが重要です。

要点BOX

●データが蓄積され、レコメンデーションの精度が上がるとスイッチングのリスクは格段に減る

CRMの学習効果

CRMの手順

CRMの基本戦略策定
↓
ターゲッティング
↓
顧客ポートフォリオ管理
↓
リレーションシップ評価・管理
↓
アクイジョンリテンション各フェーズでのコミュニケーション計画

息子さんが帰省する時期だね？鯛のいいのが入ってるよ！
魚

米屋さん、酒屋さん…
本来、日本の商人は、
痒いところに手が届くサービス
=「**オプティマイズ**」が
得意だった

CRMはこれを、ITの力（**データベース、データマイニング**）を借りて、膨大なデータを処理して、膨大な顧客に行うだけ

CRMには「**学習効果**」というものがある。
顧客へのレコメンデーションと、その結果、購入履歴等、
データが蓄積させてくればくるほど、
レコメンデーションの精度が上がり、利便性が増す。

↓

これが痒いところに手が届くものであれば、
顧客はその利便性を失うことを考えれば、
少々の値段の違いを無視してでも
その企業を選ぶ。

ガッチリ！

学習効果により、レコメンデーションの精度が上がれば、顧客にとって手放せないサービスになる

Column

低額商品のデータベースマーケティングの礎

巻末トピックでは私とＣＲＭの出会いに関して2回に渡り、お話して来ました。今回はようやく本題に入ります。

ＳＰ（セールスプロモーション＝販売促進）のフルフィルメント（懸賞キャンペーンの際、はがきなどの応募物を管理したり、キャンペーンの各種問合せに対応する部門）設計の業務経験がどうＣＲＭに繋がっていったかをお話します。

私は当時新入社員の、飲料会社の大型キャンペーンのフルフィルメント設計を手掛けていました。

そのキャンペーンには国内のキャンペーンとしてはトップクラスの応募数が集まります。そこで私は、収集した個人データを入力、整備し、以後のマーケティング活動に活用していこうという提案をしました。

先にもお話したとおり、当時はデータベースマーケティングの対象は高額な商品に限られていましたので、上記の提案はかなり異端児的な提案でした。

米国では高額商品以外もデータベースマーケティングの対象になるケースは珍しいことではなかったので、当時の学識者などは前のコラムで述べた日本の事情（高い人件費、郵送料、未整備の公的リストといった事情）を知らず、低額商品のデータベースマーケティングを提唱していましたので、私もその類の提案だと、当初は見られていました。

しかし、ＬＴＶ（ライフタイムバリュー＝顧客生涯価値）等の考え方を地道に啓蒙することでその提案は何とか日の目を見ることになりました。

その後、そういった試みはコンビニ会社のキャンペーンなど、続々と低額商品でのデータベースマーケティングの実現に繋がっていきました。

また、その作業を処理する中でＣＲＭに繋がる数々のイノベーションがありました。

まずは、作業の省力化のためにＯＣＲ（Optical Character Reader＝光学式文字読取装置）を活用したのですが、その精度向上や読取の微修正作業の効率化などが業務のトライ＆エラーの中で大幅に前進しました。

それにより、それまでアナログ作業の典型、つまり労働集約的な業務を行っていたSPのフルフィルメント作業が極めて進化することになりました。

第4章

インターネットとCRM

34 CRMにおけるインターネットの役割

テレマーケ中心からインターネット中心に

かつては、CRMの中心はCTI技術に代表されるテレマーケティングでしたが、現在はeCRMという言葉が脚光を浴びているように、Eメールマーケティング等、インターネットが中心となってきています。

インターネットビジネスは当初、プロバイダー、検索エンジン、バックエンドのツール等、インフラ提供から始まり、その後、EC等のネット上の商取引が盛んになりました。

そして、現在は顧客とのコミュニケーションを行うためのツール、CRMの一機能としての役割が中心になりつつあります。

スタートした当初のネット上の商取引は、旧来のダイレクト販売をそのまますべて、ネット上での販売に置きかえるという手法がとられていました。

しかし、いま、考えると当然ですが、それらは有効に機能せず、世の中の期待とは裏腹に、成功事例が出るには至りませんでした。その後、クリック&モルタルという言葉が生まれ、ネット販売に既存のインフラ（例えば、注文、決済、流通等）を積極的に活用するようになり、成功事例が出始めました。

CRMにおけるインターネット活用は、逆に、既存のビジネス、中でも顧客とのコミュニケーションを最適化するためにインターネットを活用するというスタンスです。

インターネットを用いたマーケティングの最大のメリットは顧客とワン・トゥー・ワン（一対一の関係）で、インタラクション（双方向性）を介した関係構築ができる点です。そういう意味で、顧客との関係性を重視するCRMにインターネット活用は不可欠です。

本書では詳しく触れませんが、当社では、この「顧客と企業のインタラクション」から、「顧客間インタラクション」という考え方へ発展させた「コミュニティを含む新しいCRM」の考え方の普及にも注力しています。

要点BOX

●個対応、双方向性が特徴のインターネットとCRMは方向性が重なる

CRMにおけるインターネットの役割

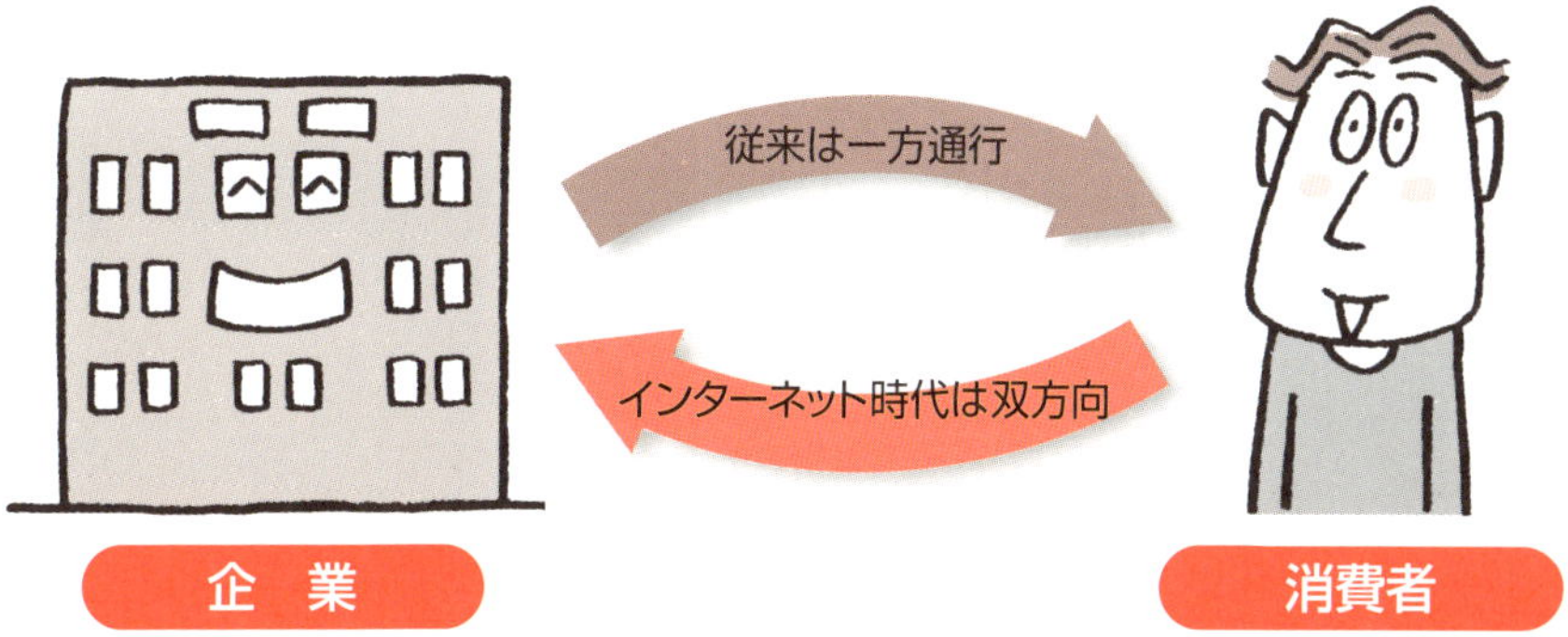

35 ＣＲＭの情報集約機能とインターネット

ビジネスの各フェーズを一貫した流れの中で管理

従来のマーケティングでは、マーケティングの各フェーズがバラバラに独立していました。

しかし、ＣＲＭの登場以降は、顧客がアクションを起こすきっかけになったメディアから、顧客への営業活動状況、顧客のアフターマーケティングの状況と各フェーズを一貫した流れの中で管理することができるようになりました。

また、アフターサービスにしろ、資料請求にしろ、顧客コンタクトのポイントが、電話だったり、ＷＥＢだったり、はたまた、購入の手段が店舗だろうが、直販だろうが、一元管理することが可能になりました。インターネットは、ＣＲＭのこのような情報集約に力を発揮します。

しかし、ＣＲＭで何が何でもインターネットを押しつける、つまりデジタル化すればいいものではありません。既存のツールで最適化されている部分を無理矢理、ＣＲＭシステムに置きかえて失敗しているサンプルがいくつもあります。

ＣＲＭ導入、あるいはデジタル化の際に重要なのは、いかに貴社の業務にＣＲＭを導入するか、あるいはデジタル化するかではなく、貴社の業務のどこにＣＲＭを取込むか、あるいは、デジタル化すれば、現状の情報面の課題を解決できるかということなのです。

それを考えることは、3章までに述べてきたＣＲＭについて深く考えることとイコールです。

それは自動化も同じです。できる限り自動化をはかるにしても、いい加減な知識や、自動化への過信による稚拙な計画から、「運営」が破綻しているケースが少なくありません。

ＣＲＭが既存システムとの融合で上手くいかないのは、何も技術面の問題だけではなく、最適化されていた人的なフルフィルメント（業務の遂行、実践、完了までの一連の流れ）に違和感を与えたりというアナログな部分が原因であることが少なくないのです。

要点BOX

●既存ツールで最適化されている部分を無理矢理、ＣＲＭシステムで置きかえても失敗しがち

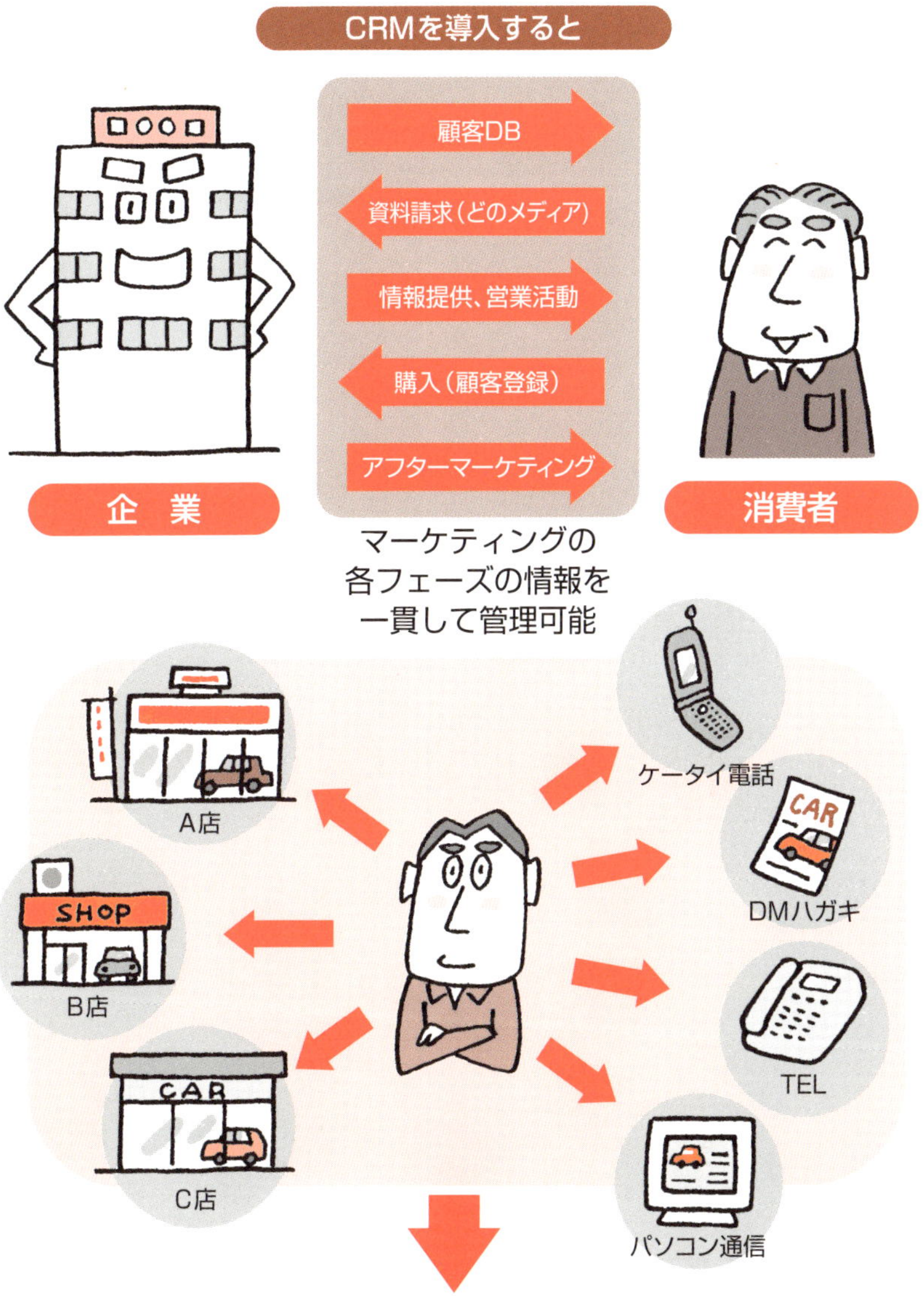

しかし…

CRMに何が何でもインターネットを導入すればいいのではない。
既存のツールで最適化されている部分をインターネットに
無理矢理置きかえる必要はない
いかに貴社の業務にCRMを導入するかではなく、
業務のどこにCRMを取込めば、現状の情報面の課題を解決できるかが重要

36

何が何でもインターネットではダメ①

インターネットの特徴を理解して効果的に活かす

さて、CRMといえば、Eメールマーケティングやネットワークを介した一元管理等、インターネット中心のように感じます。

例えば、大企業のEビジネス部門等。Eビジネスを行うならば、何が何でもインターネットという落とし穴にはまりがちです。例えば、広告媒体。広告媒体として大きな要素である露出規模は、ヤフーなどのアクセスボリュームが膨大なものになったといってもマス媒体の足元にも及びません。

しかし、インターネットがマス媒体に対して、多くの面でアドバンテッジを持っていることも確かであり、使用のケースにより、マスとは比べ物にならない費用対効果を上げることも可能です。

インターネットの媒体としてのアドバンテッジの一つは、「視聴者者属性をマスより細かく把握でき、適切なターゲティングが可能」ということです。

テレビ番組や新聞はあくまでもマスを対象にしているので、月曜21時フジの枠はF1層（20～30代前半の女性）が多いとか、日経新聞はホワイトカラーのビジネスマンが多いというような大まかな括り方でしか視聴者や読者をくくれません。

一方、WEBサイトなら、「不動産の広告なら、ポータルの不動産情報のサイト」、しかも「東京のページに絞り込もう」という風に、非常にピンポイントのターゲティングが可能です。

昨今、検索広告、メール広告等の好調と裏腹に、バナー等、旧来のインターネット広告の弱さが指摘されています。しかし、インターネット広告で成功しているところも皆無ではありません。そういうとPVなどが圧倒的なヤフーや楽天などを思い浮かべるでしょう。しかし、そういうところだけが上手くいっているのではありません。成功しているところは前記のような絞り込み方とコンテンツの訴求の仕方を工夫しているところが中心です。

要点BOX

●「マス広告は到達力で優れる」「ネット、メール広告はセグメント、効果把握に強み」

何が何でもインターネットではダメ①

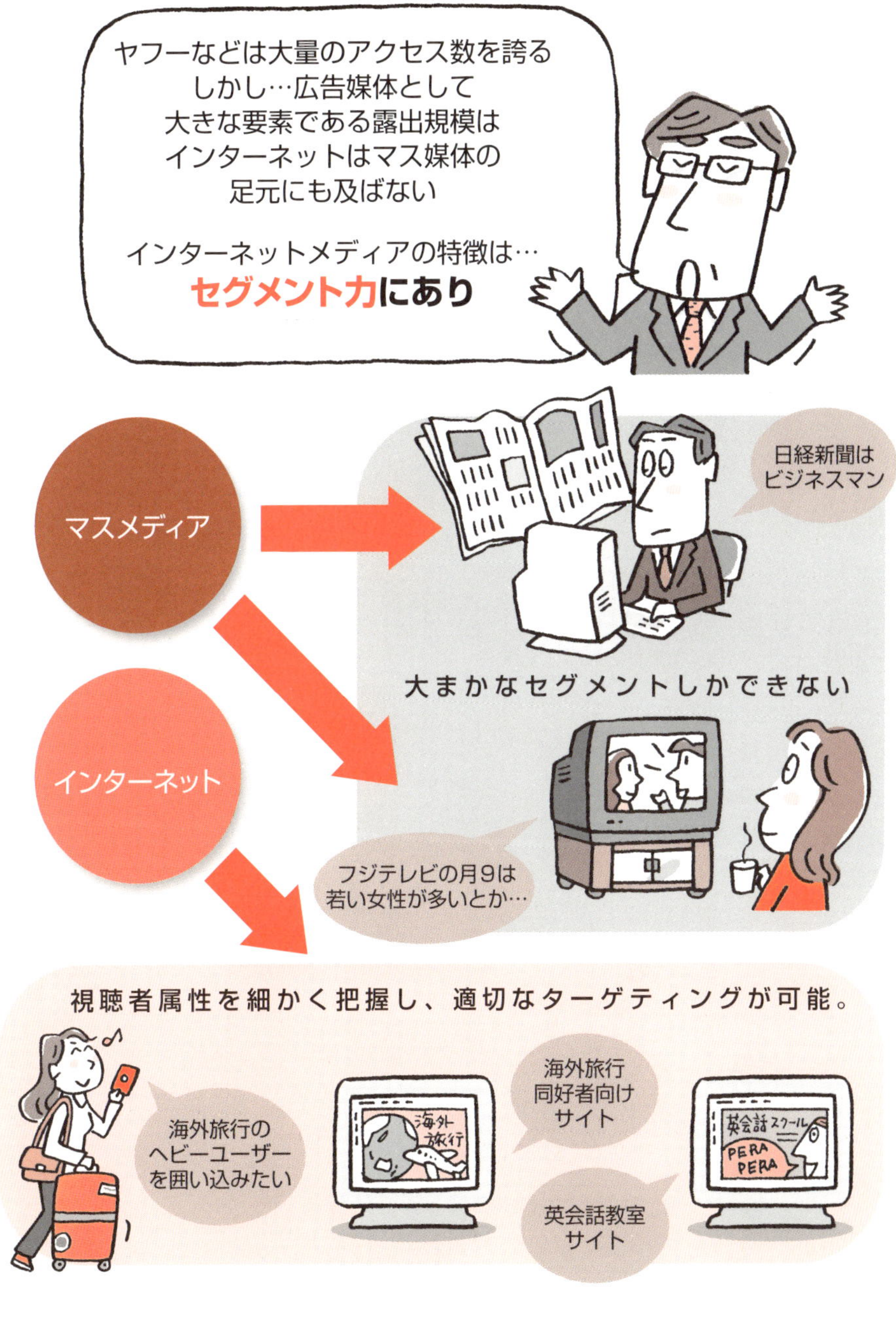
ヤフーなどは大量のアクセス数を誇る
しかし…広告媒体として
大きな要素である露出規模は
インターネットはマス媒体の
足元にも及ばない
インターネットメディアの特徴は…
セグメント力にあり
マスメディア
インターネット
日経新聞は
ビジネスマン
大まかなセグメントしかできない
フジテレビの月9は
若い女性が多いとか…
視聴者属性を細かく把握し、適切なターゲティングが可能。
海外旅行の
ヘビーユーザー
を囲い込みたい
海外
旅行
海外旅行
同好者向け
サイト
英会話スクール
PERA
PERA
英会話教室
サイト

37 何が何でもインターネットではダメ②

効果測定、リンク機能、成功報酬が3大特徴

もう一つは「効果がマスより正確に測定可能」ということです。

新聞広告は発行部数、テレビなら視聴率、あるいは、それに大まかな読者傾向や視聴者特性を絡めて、マス広告もある程度の広告効果を把握することができます。

しかし、「自社がターゲットと定める人達にどれくらい情報が到達したか？」まで把握するのは困難です。さらには、ブランドに興味を持った人、行動を起こした人がどれほどいるかまで知るのはほぼ、不可能です

一方、WEB広告の場合、広告到達については、広告を見て、サイトに何人訪れ、売上の効果があったか正確に把握可能です。また、「リンクで即座に自社サイトへの誘引が可能」という面もあります。

マス広告の場合、消費者が何らかの行動を起こすには、新聞なら掲載されているサービスデスクに電話をかけて資料請求を行ったり、HPアドレスを打ち込んで、サイトにアクセスしたりしなければなりません。

テレビはさらに煩雑で、興味を持った広告について調べてアクセスしなければなりません。

しかし、インターネット広告の場合、リンクで即座に自社サイトへの誘引し、目的を果たすということが可能です。

さらには、成功報酬的なことが可能であるという面があります。

これは費用対効果が明確だからということもあるでしょうが、クリック保証のバナーですとか、先程、お話した検索広告などはクリック数に応じた請求がスタンダードになっています。

また、CRT（クリック率）が高くなればなるほど、上位表示されたり、単価が安くなったりという仕組みになっているものもあります。

メールに関しては次項で述べますが、これも同様に成功報酬的なものが多くなっています。

要点BOX

●アドレスを打たなくてもサイトへ一発誘引可能
●クリック保証、クリック数に応じた請求が可能

何が何でもインターネットではダメ②

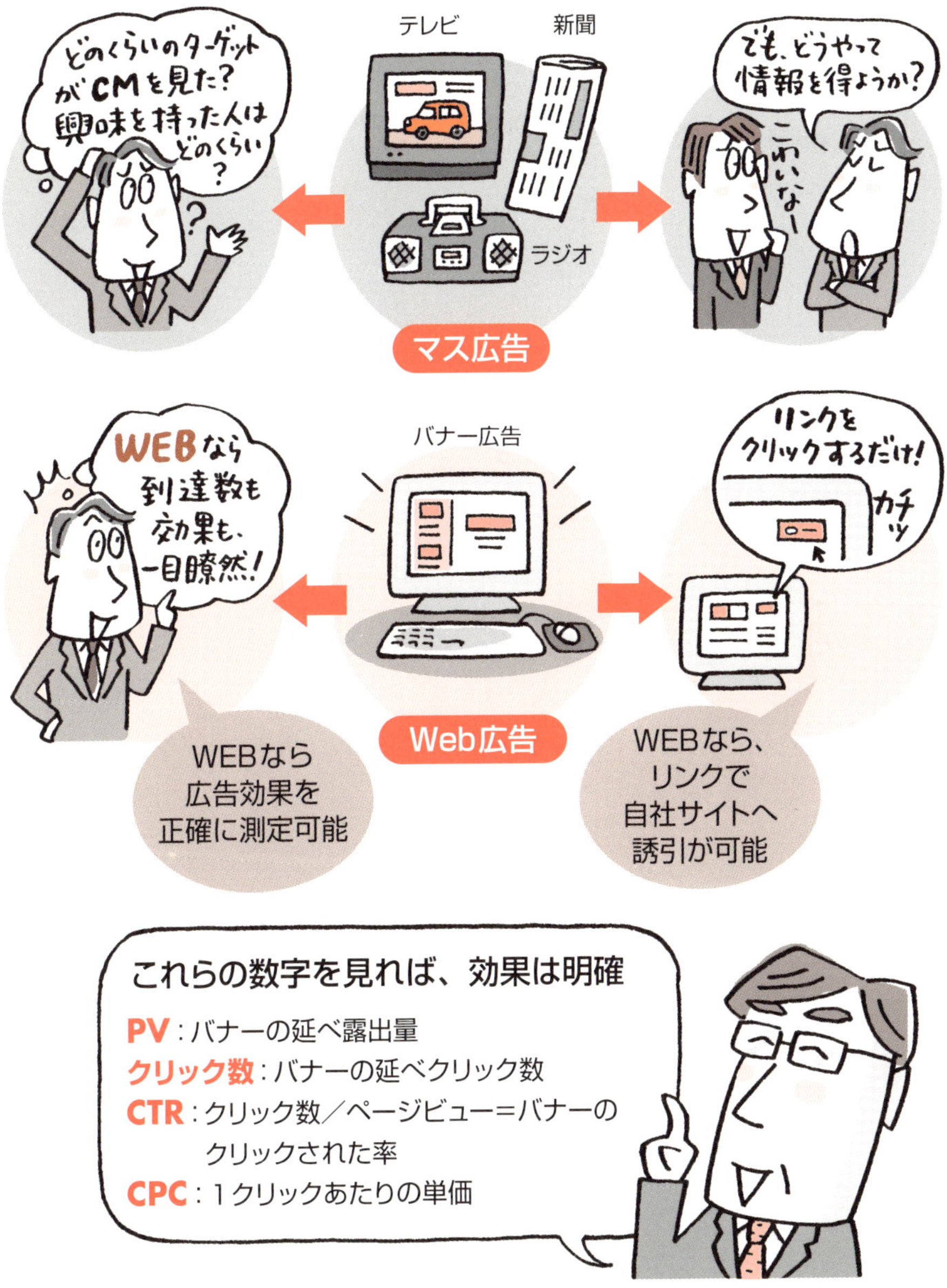

テレビ
新聞
ラジオ
どのくらいのターゲットがCMを見た? 興味を持った人はどのくらい?
でも、どうやって情報を得ようか?
これいいなー
マス広告
バナー広告
WEBなら到達数も効果も、一目瞭然!
リンクをクリックするだけ!
カチッ
Web広告
WEBなら広告効果を正確に測定可能
WEBなら、リンクで自社サイトへ誘引が可能
これらの数字を見れば、効果は明確
PV：バナーの延べ露出量
クリック数：バナーの延べクリック数
CTR：クリック数／ページビュー＝バナーのクリックされた率
CPC：1クリックあたりの単価

Column

アナログ時代に行われていたデータ処理とその進化

さて、ＳＰのフルフィルメント作業へのデータベースマーケティング的な考え方の実践でアナログな労働集約的な作業が近代化されたという話をしました。今回のコラムではその辺りのことを語りたいと思います。

まず。進化した一つはデータベースへの入力とそのハンドリングです。

これまでは、高額商品などデータベースマーケティングの機会が限られており、そのため件数も数万件、多くてもせいぜい数十万件というのが最高でしたが、キャンペーンの応募データということで必要処理件数が一気に数百万件というふうに大幅に増加しました。

そのため入力作業も漫然と手入力などで対応していたのが、必然的にＯＣＲの有効活用や効率的な連携ということが求められてきて、その辺りが進化しました。

また、データベースのインプットだけでなく、アウトプット、つまり、収集したデータをどう整理し、どう活用するかということにおいても、これまでのような割合、単純なデータベースハンドリングだけでなく、高度なリレーショナルデータベースの活用や運用の負荷の課題改善といった現在のＣＲＭの業務に近いＩＴ活用が行われるようになりました。

またＯＣＲ活用という面での経験値はファックスサーバ、自動音声応答認識、という技術に応用されるようになってきました。

キャンペーンの応募は当時、ハガキがメインでしたが、ファックスでの応募も少なくありませんでした。

このファックスの応募受付については、紙が切れそうな日には徹夜で用紙切れをチェックをするというような嘘みたいにアナログな仕事をしていました。

しかし、サントリーのＢＯＳＳなど、数千万件の応募が集まる大型キャンペーンの登場で、こんなことはしていられなくなりました。そこで、ファックスをＰＣサーバ上でデジタルに応募受付し、それをＯＣＲで読取るという技術が開発されました。

また、これは自動音声応答認識というものも同様で、コールセンターのオペレーターが受付していてはコストがかかってしまい、しょうがない作業を自動応答で代替してしまうことが可能になりました。

第5章

CRMにおけるメールマーケティング

38 待つCRMから働きかけるCRMへ

CRMの脇役から主役に躍り出たメールマーケ

インターネット黎明期、CRMの考え方が普及するまでは、EメールはWEBの脇役という存在でした。企業は多くの資金をWEBサイト構築に投入しましたが上手くいきませんでした。

考えてみれば当然でそれはいってみれば、立派な店を構えただけでお客さんとのコミュニケーションはおざなりのような状態のようなものだからです。

常に言っているようにCRMはITではなく、コミュニケーションなのです。

CRMの時代になってから、そのような客を「待つ」姿勢から「働きかける」姿勢が重視されるようになり、Eメールが脚光を浴び始めました。

さて、このEメールですが、郵送のDMなどダイレクトマーケティングとまったく同じノウハウが使えそうです。しかし、それは正しくありません。

もともと、私も新卒のキャリアのスタートは広告会社で大手自動車会社などのDMを手がけていました。

郵送のDMの場合、コストが膨大です。そのため、一番、重要になるのは、より的確なリストです。

例えば、一通数百円のDMの場合、所定のミッションを果たすための差出通数は少なければ少ないほど良いのです。

例えば、2万通出すのと、1万通では数百万円予算が違ってきます。このようにリストの精度が一番コストに跳ね返ってくるわけです。

その次に重要なのは、クリエイティブです。

リストが的確でも、コピーがターゲットの購買意欲を喚起させられなければレスポンス（反応）率は上がりません。

つまり、リストの精度に次いで、このクリエイティブやコンテンツが収益に影響してくるわけです。

しかし、Eメールでは少し事情が違います。

その辺りの違いについて詳しく次項でご説明します。

要点BOX

●サイト構築だけで集客をしないのは店舗を構えて何もしないようなもの

待つCRMから働きかけるCRMへ

インターネット黎明期は
まだ脇役か‥
Eメール
現在は…
主役だ！
Eメール
POST
〒
Eメール
「待つ」姿勢から「働きかける」姿勢

WEBサイト構築に多くの資金を
投入しても、上手くいくとはかぎらない。
CRMは「コミュニケーション」が大切

CAR SHOP
それでしたらー
集客

39 Eメールとリアルの DMの違い

リアルのダイレクトマーケティングとは少し違う?

では、EメールとリアルのDMなどではどこが違うのでしょうか?

まず、Eメールはコストが殆どかかりません。業者に頼んだとしても一通数円程度です。そのため、リストによるコスト削減効果は殆どありません。ここがリアルのDMとEメールが大きく異なるところです。

また、クリエイティブに関してもHTMLメールではクリエイティブの工夫はできますが、普及のメインはテキストメールですし、実際、好評を得ているメールの多くがテキストメールです。

Eメールで重要なのは、これまでCRMの基礎で学んできたことです。まず、リレーションを築き、次に売込をかけるのです。

これまでのようにDMを何回出しても、その度にコストが嵩むことはありません。

しかし、それだからこそ気を付けなければいけないのは、相手にとって無意味なメールは送らない、ということです。

リアルのDMと比べて、スパム、つまり迷惑メールがEメールで問題になるのはコストがかからないために、余り慎重にならずにメールが垂れ流されるところにあります。

スパムと捉えられないよう、受け手にメリットのある施策を組む方法として、よく使われるのがメルマガという手法です。

世の中で成功しているメールマーケティングの代表はコンテンツをメルマガとして配信しているものです。

しかし、優れたコンテンツのような職人技は誰でもできるものでもありませんし、メールマーケティングを代行している業者も、あるクライアントでは上手くいくが、あるクライアントでは失敗しています。

では、どうすればよいのでしょうか?

その辺りの詳しい実践方法を次項で解説します。

要点BOX

●Eメールは、ダイレクトマーケティングのようにロットを減らすことがコスト削減につながらない

Eメールとリアルの DMの違い

Eメールと DMでは…
コストがかかる
DM
コストが
かからない
Eメール
一通数円
程度
何回出しても
その毎に
コストが嵩む
ことはない
1度
2度
3度
Eメールだからこそ
注意点は……
無意味なメールを
送らないこと!!
最新
化粧品
情報!
なんだ
こりゃ!!
成功している
メールは……
Good!
テキスト
メール
メール
マガジン

40 データベースを活用して個別対応

テストマーケティングで最適解を導け！

その解決策の一つがデータベースに応じた個別対応です。

面白い、ためになるコンテンツを提供しても、結果に繋がらないのでは意味がありません。的外れのセールス内容がコンテンツの後ろにぶら下がっていても結果に繋がらないでしょう。

ただでさえ、コストの安いメールプロモーションは、多くの会社が行い、スパム（迷惑メール）が横行しています。こんな中に埋もれては、何の意味も無いばかりか、せっかく築いたリレーションを台無しにしてしまいます。その解決策がＣＲＭなのです。

以前、レコメンエンジンについて述べましたが、これによりコンテンツやセールス内容を個々の取引履歴から判断して個々の顧客に対して最適なものを選ぶことが可能です。

メールマーケティングの利点として、その場でクリックできる点が上げられますので、リンクをはることによって、限られたスペースを有効活用することが可能になります。

また、レコメンの精度をあげるために、まずテストを行い、コピーや訴求コンテンツ、リストセグメント（絞込み）を固めていくという方法も差出通数が多い場合は必要です。

Ｅメールはコストがかからないので、テストマーケは不要という意見もありますが、やり方次第によっては、顧客とのリレーションシップという貴重な対価＝コストを支払う、つまり、それを無くすリスクを背負っているという事実を認識する必要があります。

既存顧客はこのように既存リストを使うことが可能ですが、もし、十分なリストが無い場合、安易にプレゼントなどで集めることがありますが上手くいきません。それを行う場合でも、自社商品に興味を持っている人のみが集まるよう景品やクイズ内容を工夫することが最低限、必須です。

要点BOX

●テストマーケで、コピーや訴求コンテンツ、リストセグメント（絞込み）を固めていく

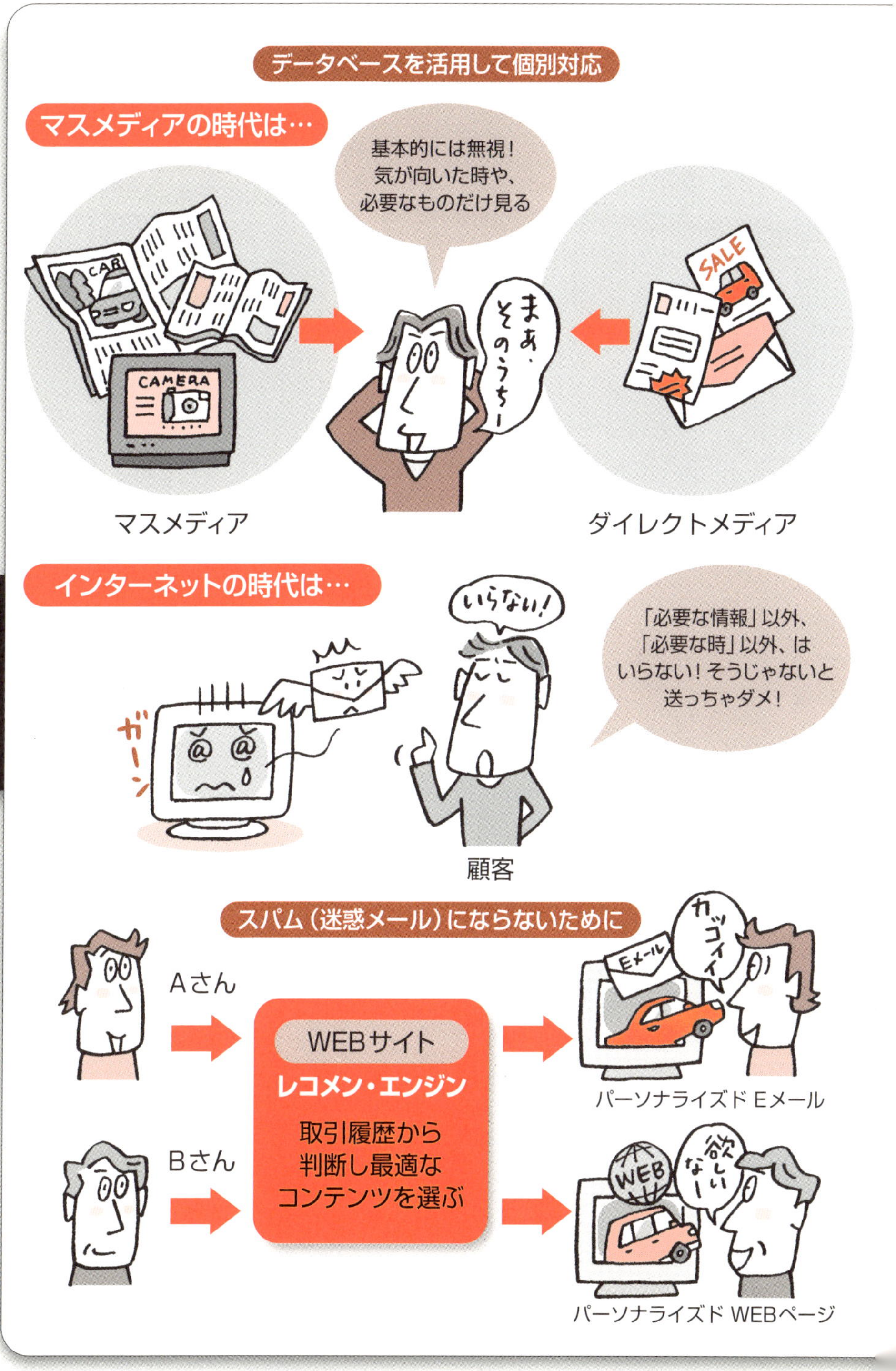
データベースを活用して個別対応
マスメディアの時代は…
基本的には無視!
気が向いた時や、
必要なものだけ見る
まあ、そのうちー
CAR
CAMERA
SALE
マスメディア
ダイレクトメディア
インターネットの時代は…
いらない!
「必要な情報」以外、
「必要な時」以外、は
いらない! そうじゃないと
送っちゃダメ!
ガーン
顧客
スパム(迷惑メール)にならないために
Aさん
Bさん
WEBサイト
レコメン・エンジン
取引履歴から
判断し最適な
コンテンツを選ぶ
Eメール
カッコイイ
パーソナライズド Eメール
WEB
欲しいなー
パーソナライズド WEBページ

41 低コストという特徴を活かすために

「セット」、「継続」、「非スパム」がキーワード

先程、Eメールは郵送のDMのようにコストがかからないという話をしました。

Eメールの場合、この特徴を活かし、「セット」、「継続」というのがキーワードになります。もちろん、セットで継続というのは、内容がしっかりしていない場合、顧客にとって迷惑なスパムと感じられた場合、ダメージは大きくなることは十分に考える必要があります。

例えば、「セット」では「認知」「興味喚起」「駄目押し」という3セットを行えます。

例えば、クレジット会社が、サービスのアップグレードのメールを送付する際、まずアップグレードサービスの案内をします。

次に半年間無料トライアルサービスの案内。3度目で入会者先着１０００名へのキャッシュバックサービスなどを行うという具合です。

また、「セット」だけでなく、「継続」というのも重要になります。

残念ながら、即座に「購買」、「入会」などのアクションを求めるマーケティングは中々成功しません。

特に新規で集めたばかりの顧客や、見込み客へのプロモーションでは尚更です。

Eメールは郵送のDMと異なり、送付費用が余りかかりません。そこで、顧客に役立つ内容を心がけ、スパムにならないようにしながら、じっくり攻める姿勢が必要になります。

そのために重要なことは「テストマーケティングの徹底及びその結果の反映」と「受付体制を万全にすること」です。Eメールは郵送のDMと違い、レスまでの余裕がありません。

また、効果測定を必ず行うことも重要です。

これまでのテレビ広告などのマス広告は効果測定がなかなか困難でした。また調査の仕方によってはそれらはかなりのバイアスがかかりがちでした。Eメールマーケティングはそれらの課題を解決しました。

要点BOX

● 「スパム」にならないように注意しながら「セット」、「継続」で育成マーケティング

メールマーケティングのキーワード

Keyword
セット

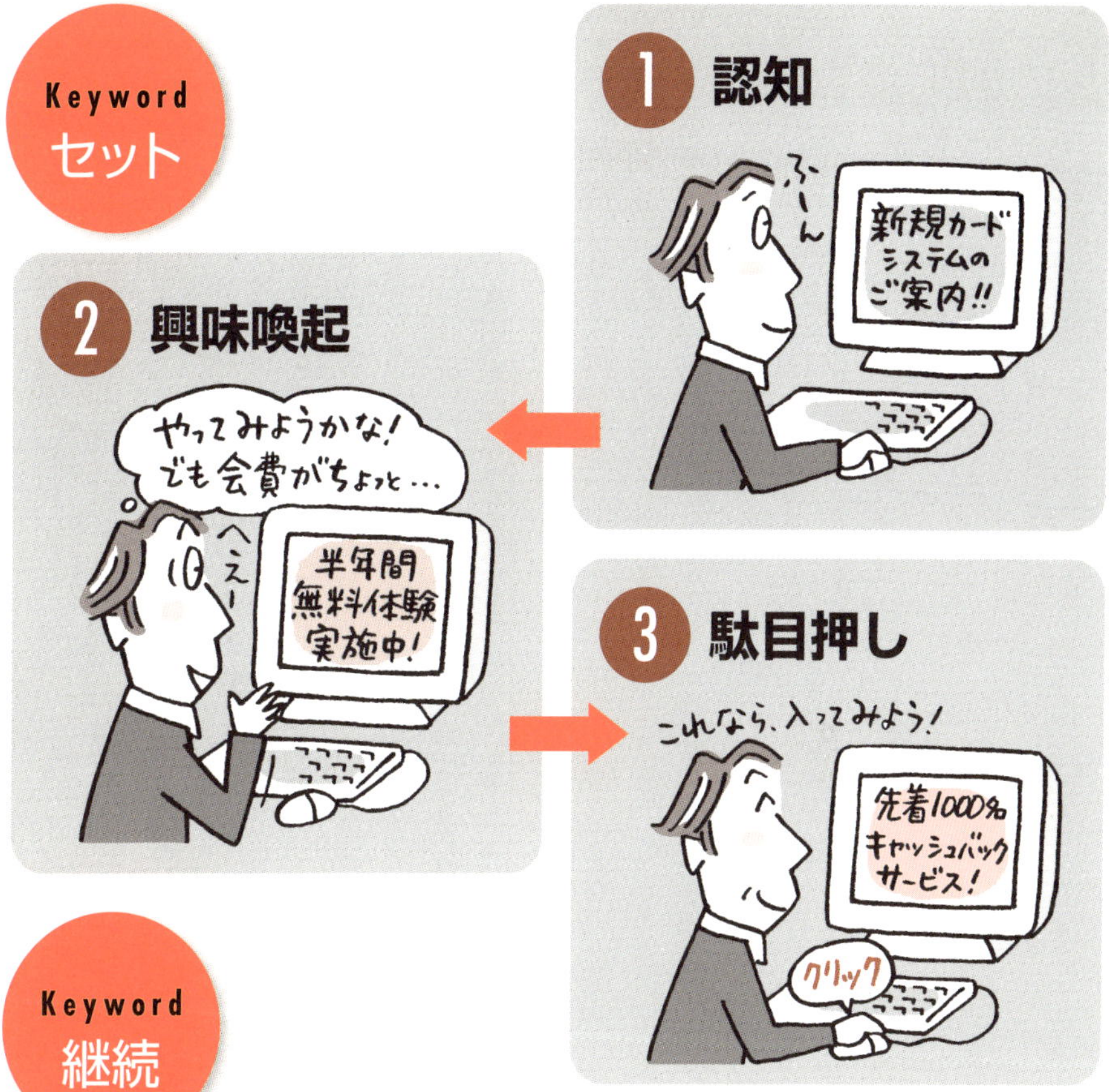
1 認知
ふ〜ん
新規カード システムの ご案内!!
2 興味喚起
やってみようかな! でも会費がちょっと…
へえ〜
半年間 無料体験 実施中!
3 駄目押し
これなら、入ってみよう!
先着1000名 キャッシュバック サービス!
クリック

Keyword
継続

買うなら 絶対今です!!
はぁ〜
でも〜
よく ご検討 ください。
ありがとー!
カタログ

42 「結果フィードバック」と「受付体制の万全化」

データベースの学習効果と足の速いレスへの対応を

Eメールの最大のメリットはマス広告などと違い、新たな調査費用を計上するまでも無く、バイアスのかからない形で施策の効果を把握することが可能なことです。

例えば、「商品Aが○%売上アップした」という売上の状況、「20代女性、未婚者がターゲットだと思っていた商品Bが30代既婚者子供なし共働き層に売れている」といった購入者の属性、「寝具を購入した層は保険サービスの申込率が高い」といった購入者の購買履歴の傾向等々がつかめるわけです。

CRMのレコメンエンジンは万能でありません。常にこれらの結果を確認しつつ微調整次の施策に反映すべきです。そのことがデータベースの学習効果により、良い結果に繋がります。

次に「受付体制の万全化」です。

郵送のDMは反応まで早くて2日、7割程度のレスポンスを得るには優に1週間以上かかっていました。

しかし、Eメールの場合、業種や商品にもよりますが、7割程度のレスは通常、24時間以内というスピードで戻ってきます。

リアルのマーケティングであれば、DMを発送したら「やれやれ」と一段落でしたが、Eメールの場合、送付の直後にいきなり「繁忙期」が訪れます。

「注文殺到なんて嬉しい悲鳴じゃないか?」と思うでしょうが、反応は注文より、問合せ、登録内容変更、配信中止などの方が多いものです。

それらにもきっちり対応することが重要になります。しかし、一度に対応しきれる体制を整えるのは大変です。不可能な場合は、自動返信により「受付しました。返事は少々お待ち下さい」という旨の対応をしておくべきです。

これをやっておくか、やっておかずに随時、対応をするかでは大違いです。

要点BOX

●レコメンエンジンは結果をフィードバックしなければ有効化しない

Eメールの最大のメリットは…

施策の効果把握が可能

●マス広告と違い、効果把握に新たな費用がかからない

●調査結果にバイアス（質問の仕方等で偏りがあること）が、かからない

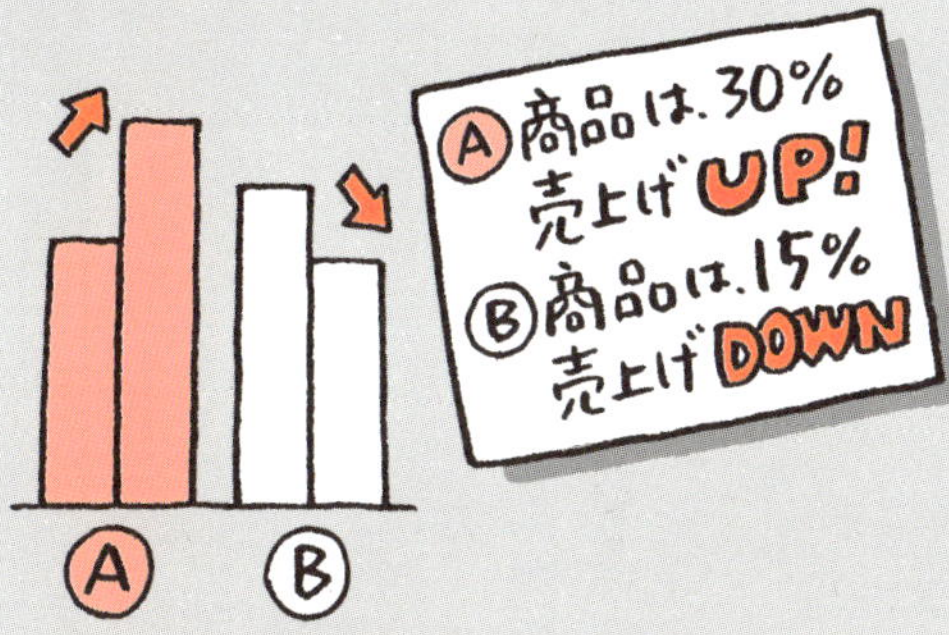

予想したターゲットは

●20代の女性
●未婚者

実際の購買層は

●30代の女性
●既婚者
●共働き

CRMのレコメンエンジンは万能ではない

↓

結果のフィードバックが重要

↓

データベースの学習効果により、次の良い結果に繋がります

43

アクイジションのメールマーケティング

オプトインメールと広告出稿

さて、次にアクイジション（顧客獲得）について考えて見ましょう。

まずはオプトインメールです。「オプト」とは「選択する」という意味で、自らの意思で欲しい情報のテーマを選択し、「この情報を欲しい」と意思表示し、登録した方にのみメール配信する仕組です。

具体的には運営会社が企業の希望に沿った属性の会員だけを選び、メールを送付する仕組みです。

しかし、この顧客アドレスは自社の手に入らず、一回一回依頼しなければなりません。

そこで、顧客アドレスを収集する方法を考えなければなりません。

その方法はネット上の広告です。

ネット上の広告というとバナーとメルマガ広告がありますが、その性質を考慮して選択すべきです。

結論からいうとバナーはアドレス取得に最適とはいえません。特に単価の安いトップページは

・「不特定多数の人の目に留まる」
・「認知を高める」

ことが目的であり、マス広告に近いものです。

ここの頁でバナーをクリックしているユーザーは熟慮の上、行っているわけでなく、ネットサーフィン的に行っているケースが多いのです。ですので、アドレスや個人情報を取得するには余り向きません。

もし、上記のことをバナーで行うなら、単価は上がりますが、トップページでなく、コンテンツページ、あるいはカテゴリのトップページ、つまり、ポータルで言えば、「不動産」、「自動車」など自社のターゲットに近いページを選択すべきです。

アドレス取得に特化するなら、大手のメルマガのヘッダー、フッダー広告が良いでしょう。単価も1〜2円程度です。

これは文字数や行数の制限があるので、その中で効果を最大化する工夫が必要です。

要点BOX

●バナー＝アドレスを取得するなら要セグメント
●メール＝メルマガのヘッダー、フッダー広告

オプトインメールの仕組

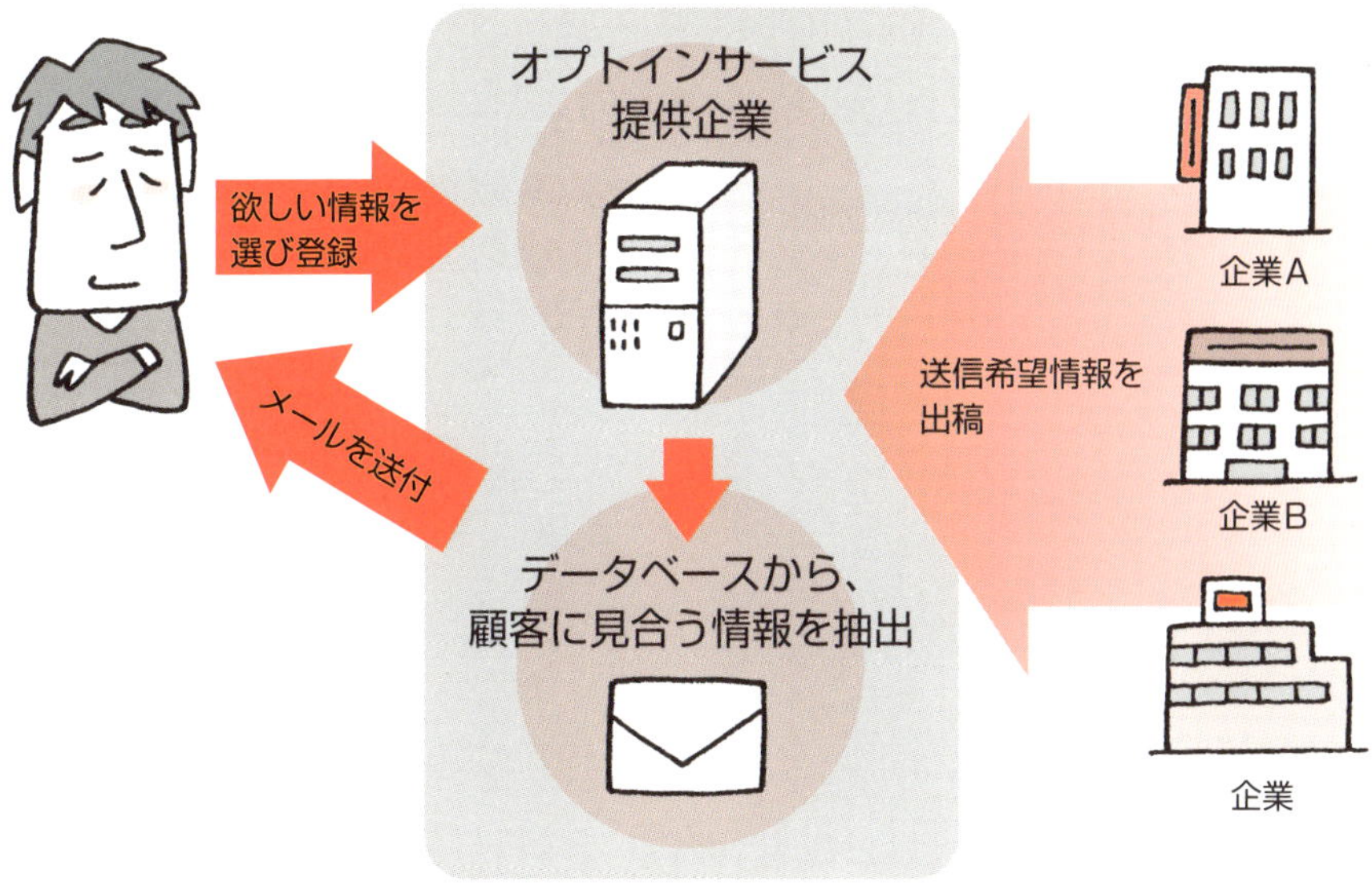
オプトインサービス
提供企業
欲しい情報を
選び登録
メールを送付
データベースから、
顧客に見合う情報を抽出
送信希望情報を
出稿
企業A
企業B
企業

アドレスや個人情報を取得するには

とりあえずクリックしてみようかー
トップページ
バナー広告や
トップページは
「不特定多数の人の目に留まる」
「認知を高める」
ことが目的

次の車は、どれにしようかな
自社のターゲットに
近いページを選択する

44 大量配信の場合の対応

誤配信、外部漏洩等、顧客データ消失等の対策を

さて、リストを集めたら次は大量配信の際の諸処の問題があります。

メール同報配信機能が整備されているＣＲＭシステムならいいですが、ＣＲＭシステム未導入であったり、コールセンター主体のＣＲＭシステムの場合、これらに不備ができます。

Ｅメールは本来、コスト削減に機能する施策ですが、配信数が増えてくるとミスやトラブルの恐れも大きくなります。大規模な誤配信、外部漏洩等、ニュース沙汰になるケースもあります。

そうではなくとも細かい誤配信、顧客データ消失などで多大な損失をこおむっている企業は表に出ないだけで少なくありません。

ＣＲＭシステム以外にも、ファイヤーウォール、データベースの2重化などのセキュリティ対策やプライバシーポリシーの策定が重要になります。

また、レコメンエンジンによって個々に異なるメールを配信するようなＣＲＭ的な作業は大企業の自社サーバーには向いていません。

そのようなメールの大量送信は想像以上の負荷をサーバーにかけます。日中に届くよう設定した数万通のメールが送り終わった頃は夜中なんてケースも実際にあります。

そのためには

・配信タイミング管理（例えば、顧客の登録情報に基づきメールを自動送信。具体的な例としては、バースデーメール送信等）
・各種配信方法への対応（指定されたデータ差込、差替等、例えば、顧客の属性にあわせてメールコンテンツのカスタマイズｅｔｃ）
・配信作業のサポート
・報告管理機能

が必要です。

要点BOX

●レコメンエンジンで個々に異なるメールを配信するような作業は自社サーバーには向いてない

Eメールは本来、コスト削減に機能するはずが…

配信数が増えてくると…

- 誤配信
- 外部漏洩
- 顧客データの消失

…などの損失をこおむるケースも

→

セキュリティ対策
プライバシーポリシーの策定が重要

- ファイヤーウォール
- データベースの2重化

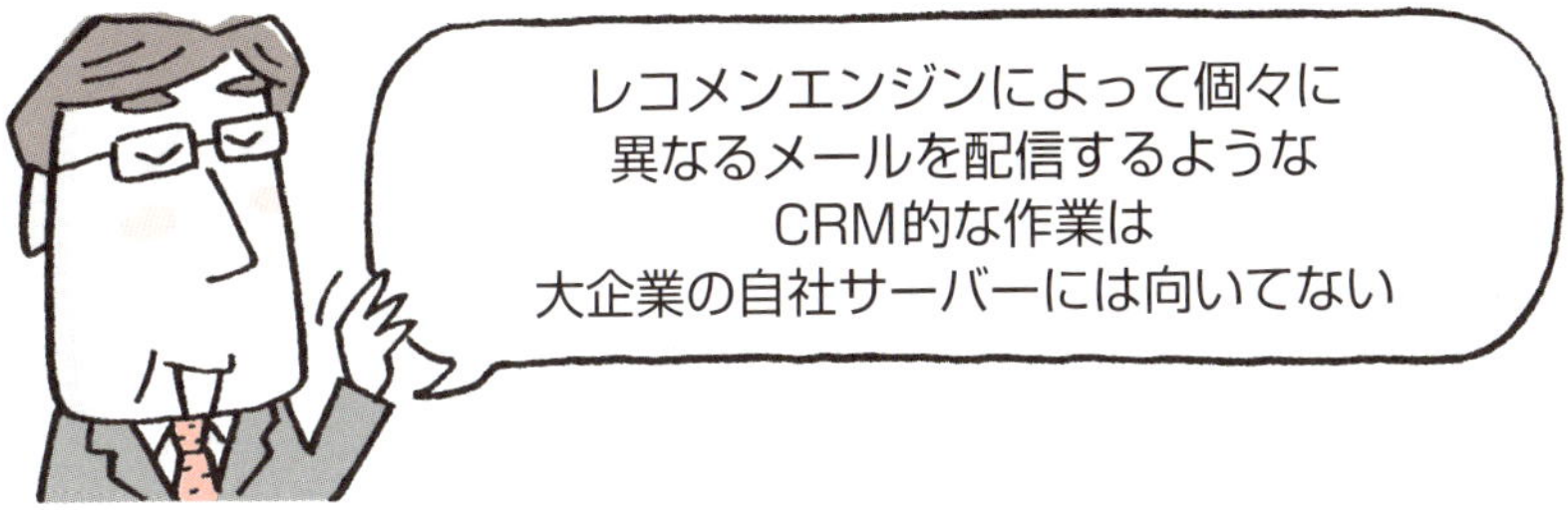

レコメンエンジンによって個々に
異なるメールを配信するような
CRM的な作業は
大企業の自社サーバーには向いてない

メール配信システム、CRMシステムで可能になる主な機能

配信管理

- 自動返信
- 自動リマインド
- タイマー:休日、夜間等、送信時刻セット
- カスタマイズ配信:顧客の登録情報に基づきバースデーメール送信

CRM機能

- 絞込配信:九州、男性、取引額2万円以上というふうにデータベースで絞込み配信
- カスタマイズデータ差込:名前、会社名、ID等の個人データ差込
- カスタマイズコンテンツ差替:ターゲットのクラスタ毎にコンテンツ差替

配信作業のサポート

- テスト配信
- 送信元、返信先指定:送信元、返信先を別に設定したりする機能
- ファイル添付
- 不達アドレス自動クリーニング
- 顧客DBエクスポート、インポート機能

配信結果レポート自動作成

45 メールマーケのCRM施策

「クロスセリング」「アップセリング」のキーは

さて、リストも整い、配信のリスク対策も完了したら、次はいよいよEメールによるCRM施策です。ここでは、最初に話したCRMのセオリーを復習しながら考えてください。

一番の基本は「リピート促進」です。

酒屋さんや米屋さんがコンビニになる前は、彼らは丁度、米やお酒が切れたタイミングで家にやって来ていました。CRMはそれをデータベースにより自動化して行うだけです。

例えば、ビデオレンタルの会社で、ある会員がいつも週末にアクション映画を借りるのであれば、その周期や嗜好を把握して関心のありそうなコンテンツのメールを適切なタイミングで送るなどということができるわけです。

その一つの施策が「クロスセリング」です。

例えば、上であげたビデオ会員がビデオしか借りていないようであれば、自社でキャンペーン販売中のDVDプレーヤーを推奨するのもいいでしょう。

クロスセリングのキーは何と言っても「痒いところに手が届くサービス」です。推奨商品が的をついたものであれば、レスポンス増につながります。

もう一つが、アップセリングです。

件のビデオ会員が月平均の利用額が大きいようであれば、「VIP会員の方がお得です」という告知が有効でしょう。

アップセリングには、的を得た推奨に加え、顧客とのリレーションの深さもキーになります。

次がMGM、メンバーゲットメンバー、「友人紹介」です。友人入会の際、友人、本人、両方が使えるクーポンなどがよく使われる施策です。この辺りは「よい営業マン」に似ています。「客に売ろうとしてはいけない」というと、「ダメな営業マン」は本当に売るのをやめてしまいます。一方、いい営業マンは売らずに客に役立つ提案を行い、結果的に売れるのです。

要点BOX

●クロスセリング＝「痒いところに手が届く」がキー。アップセリング＝「信頼性」がキー

クロスセリングのための施策例

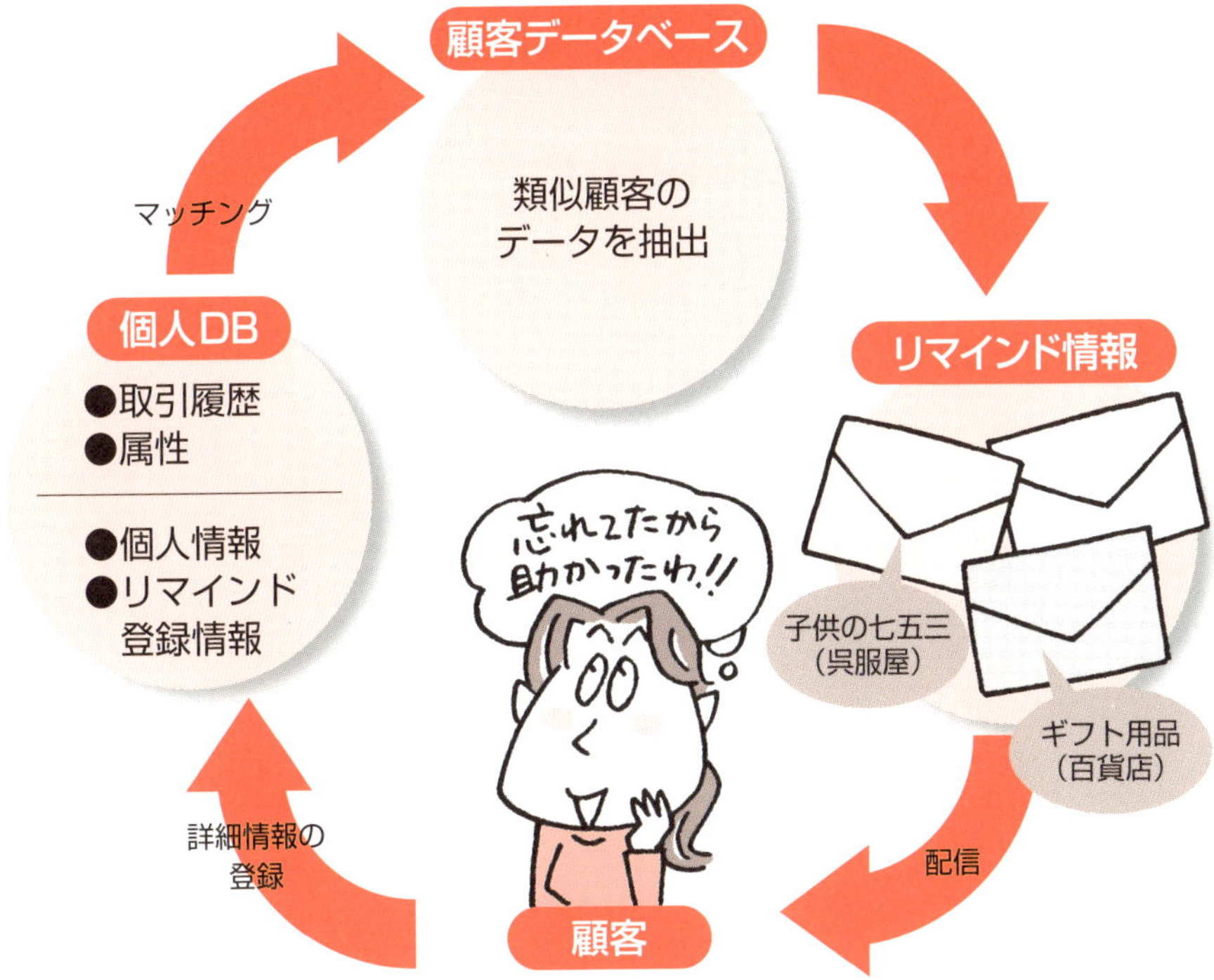

顧客データベース
類似顧客の
データを抽出
リマインド情報
子供の七五三
（呉服屋）
ギフト用品
（百貨店）
配信
顧客
忘れてたから
助かったわ!!
詳細情報の
登録
個人DB
●取引履歴
●属性
●個人情報
●リマインド
登録情報
マッチング

ロイヤリティープログラム

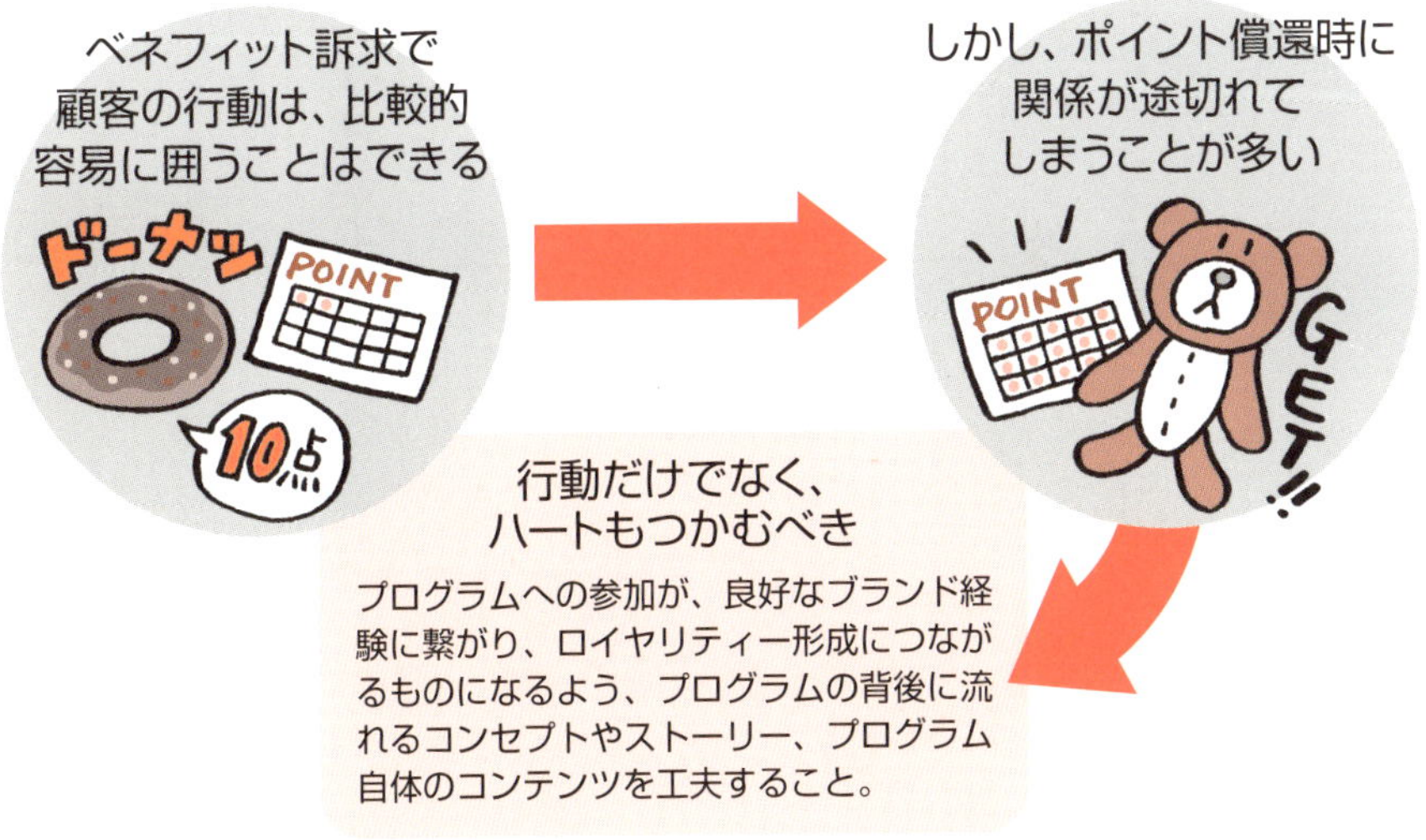

ベネフィット訴求で
顧客の行動は、比較的
容易に囲うことはできる
ドーナツ
POINT
10点
しかし、ポイント償還時に
関係が途切れて
しまうことが多い
POINT
GET!!
行動だけでなく、
ハートもつかむべき
プログラムへの参加が、良好なブランド経験に繋がり、ロイヤリティー形成につながるものになるよう、プログラムの背後に流れるコンセプトやストーリー、プログラム自体のコンテンツを工夫すること。

46 顧客取引履歴のアドバンテッジ

サイコグラフィックデータが重要視される時代に

24項で属性データであるデモグラフィックデータと価値観や生活様式のデータであるサイコグラフィックデータについて述べました。

昨今、マーケティングではデモグラフィックデータでなく、サイコグラフィックデータが重要視されるようになってきています。

レコメンデーションエンジンのファクターとしても、これをキーにしたセグメントの精度が大変、重要になります。

しかし、このサイコグラフィックデータはよく「わかっている」マーケターの間では「微妙なもの」と言われています。

例えば、登録情報では、「アウトドア」が趣味となっていても、それは単なる登録時のマイブームでいまや何の興味も持っていないというケースが多いのではないでしょうか?

転職に関心があると答えていても、3カ月前はそうでも、いまはもう新しい職場に変わって状況が変わっているかもしれません。

その点、CRMの場合、実際の顧客との取引履歴を指標にできるため有利です。

例えば、購買履歴から、推奨しようとしている商品に、その顧客が興味がありそうかどうかを判断します。購買履歴だけでなく、メルマガへのトピックの反応履歴を見てみます。例えば、同じ商品の購入でも他のトピックの時ではなく、「アウトドアというトピックの時に反応がある」とか、「キャンペーン応募がある」とかという具合に見て、この顧客は、「エンターテイメントに関心がある」とか、「旅行に関心がある」とかということを判断する方が単純な登録情報より、現実的で信憑性の高いものになります。

さらにそれを学習効果でブラッシュアップしていけばなおよしです。

要点BOX

●購買履歴だけでなく、メルマガ・トピックの反応履歴もチェック！

マーケティングでは…

デモグラフィックスデータ

- 性別
- 年齢
- 年収
- 職業

より

サイコグラフィックスデータ

- 趣味
- 価値観
- 嗜好

を重視

ただし、サイコグラフィックデータは
マーケターの間では「微妙なもの」と評価

3ヶ月前は転職活動中。

面接
前の会社では営業をー

現在は転職済み

その件でしたらすでにー
ハイ、

…と状況が
変わっている
ケースも

CRMの場合は、実際の顧客との
取引履歴を指標にできるので有利になる！

購買履歴
メルマガ

47 コンプライアンスとメール対応のマナー

オプトイン、オプトアウト、対応ルールに留意！

次にメール配信の姿勢についてです。

これに関して、最も基本は「オプトイン」が配信スタートの基本になるということです。

企業は道義的にも、コンプライアンス（法遵守）的にもメールを「送って欲しい」と意思表示した人にのみメールを送付できます。

この方法ですが2つ方法があります。

一つは余り好ましくない方法ですが、会員登録フォームに「情報配信を希望する」というようなチェックボックスを設置して、予めチェックを入れてあるようなオプトアウトの方法です。

おわかりでしょうが、これは「情報が不要な人は手をあげて」と呼びかけて、手をあげない人を「情報が欲しいと選択した」とみなすものです。つまり、理想をいえば、好ましくない方法であるといえます。

もう一つのオプトアウトの方法は、メール配信の際に解除登録のリンク先を目立つように表示しておくことです。

これは、ユーザーの動的なアクションを求めるものですので、より好ましいといえます。

また前にメール送信の場合は送信の瞬間からレスが押し寄せるというお話をしましたが、迅速な対応を行うことを心がけなければなりません。

ＣＲＭによって、メール対応のたらいまわしや放置が減りました。それは、逆を返せば、それを続けることが許されない状況になっているということです。

特にコールセンターや受注センターで、「別の担当へ引継ぎした作業について状況を把握していない」とか、「問合せの対応ルールが明確でなく放置、たらい回しされている」というようなことは許されません。なぜなら、リレーションシップを築くのは大変ですが、失うのは簡単なものだからです。「声の大きなクレーム」、つまり特殊な強いクレームより、こういう細かいクレームが真に顧客を離反させるのです。

要点BOX

●ＣＲＭ普及でメール対応のたらいまわしや放置が減った。それらはもう許されない状況に

メール配信の姿勢は…

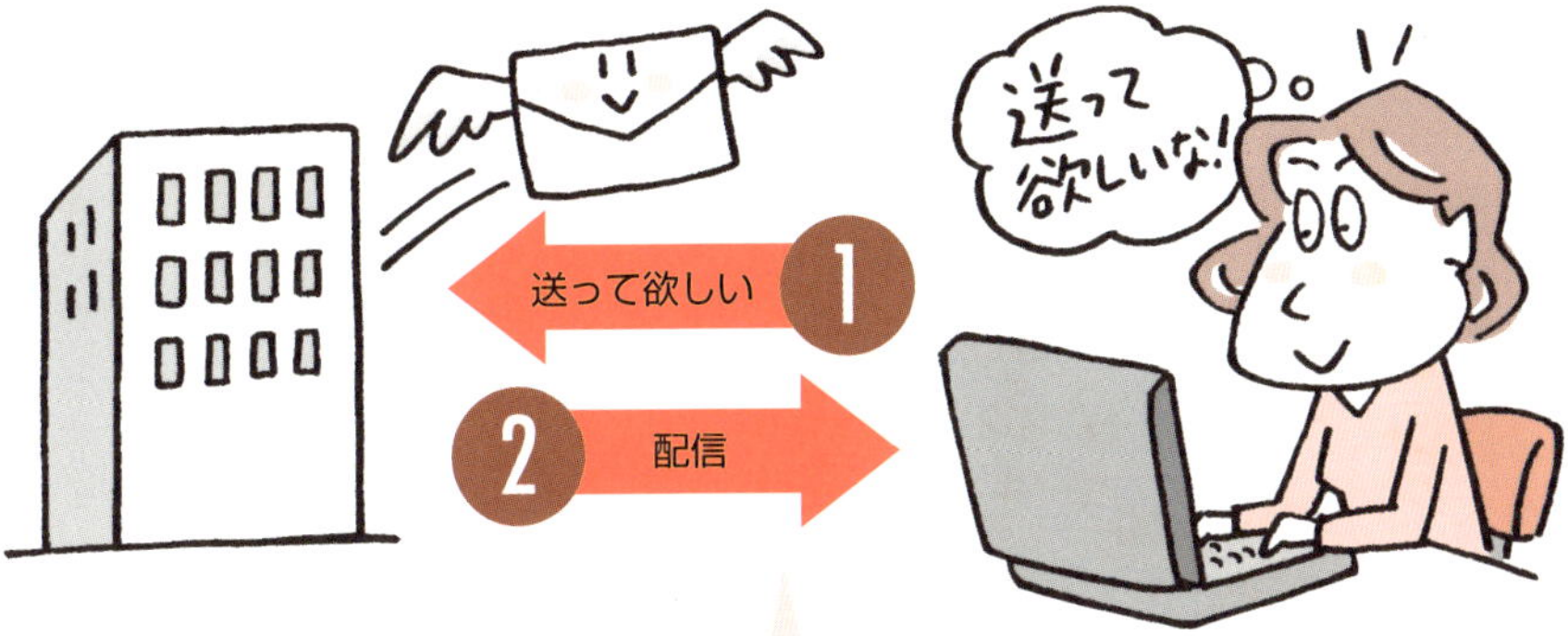

- 「オプトイン」が配信スタートの基本
- 「道義的」、「コンプライアンス的」にも「送付希望の意思表示」した人のみメール送付

会員登録フォームに「情報配信を希望する」というチェックボックスを設置、予めチェックを入れてある

↓

「情報が不要な人は手をあげて」と呼びかけて手をあげない人を「情報が欲しいと選択した」とみなすようなもの

↓

メール配信の際に解除登録のリンク先を目立つように示すことが重要

Column

SPのフルフィルメントとテレマーケティングの進化

前のコラムで懸賞キャンペーンのフルフィルメントにおいてデータ処理、ファックス応募、電話応募の受付作業が効率化されたという話をしました。

しかし、これらの懸賞キャンペーンの応募受付で最も特筆すべき進化はインターネット応募の進化です。

一連のOCR作業の経験値より我々はできれば最初からアナログデータよりデジタルデータが入手できていた方がいいだろうと考えました。そこで注目をしたのが、まだ黎明期のインターネットでした。インターネットであればいうまでもなく、何の手間もかけずにデジタルデータが入手できます。

そういった理由から、データベースマーケティングを念頭においた懸賞キャンペーンではどの業務よりも早くインターネットを活用するようになりました。

またインターネット同様、CRMと密接に絡む分野であるテレマーケティングにおいてもSPのフルフィルメント作業により最初に活用された機能があります。一つは前にあげた自動音声応答システムです。

これは当時、「社長失格」の著書で有名な板倉雄一朗氏が社長をしていたハイパーネット社のシステムが活用されていましたが現在では、IVRとしてコールセンターの主要テクノロジーになっています。

また、画面表示などの一般的なコールセンター技術もこの分野で使われ始めた技術でした。

前のコラムで述べたファックス応募の受付以上にアナログな作業をしていたのが、キャンペーンの問合せ対応でした。

私が新入社員の頃の広告会社のテレマーケティングセンターというのは、一般電話がだだっ広い部屋に何十、何百と並べられていて、それぞれのキャンペン番号ごとに着信音を変え、その音を聞き分け、何人かのアルバイトが交互に電話をとっているという、恐ろしくアナログな作業をしていました。

それらの作業のトライ&エラーから画面上でどのキャンペーンの問合せがかかってきているのかが一目瞭然なコールセンターの画面表示の技術に繋がり、その効率的な処理やマニュアル整備に活かされたのです。

また、その後、登場したCTIの導入も大型キャンペーンの問合せ事務局がかなりフロンティアな役割を果たしていました。

第6章

CRMの一環としてのサイト構築

48 WEBサイト構築の手順

CRMの一環なのだから基本戦略に沿って行う

次はWEBサイト構築についてです。

これもCRMの一環としてのWEBサイト構築であるならば、当然、CRMの基本戦略に沿って行うべきです。

・目的は？（WHY）
・ターゲットは？（WHO）
・どんなニーズを満たす？（WHAT）
・手段（HOW）
・タイミング（WHEN）
・コストは（HOW　MUCH）？

それらを基本にしながら、WEBサイトの特性を考えると、貴社のCRMにおける役割がおのずと決まってくるはずです。

WEBサイトは目的等に応じて最適なもの等はありません。しかし、3流のクリエイターの口癖のように「デザインがすべて」というわけにはいきません。

CRMの一環としてのWEBサイトならば、自社及びブランドの特徴をはじめ、組織上の事情、予算上の事情等、社内事情、競合との関係や業界の状況、あらゆる要素が影響してくるはずです。

ですので、これらを踏まえて立案した（はずの？）CRM戦略をもう一度再確認し、クリエイティブ作業に入るわけです。

サイト企画の整理から、それをコンテンツ（及び構成案、さらにはそこから、クリエイティブ、構成、システムに落しこむ作業のすべてにCRM戦略はキーになってくるのです。

CRMの戦略を確認しながら

・CRMの一環としてWEBをどう活かすのか？
・どういうシーンでは他の手段でなく、WEBなのか？

を整理する必要があります。

次の項では、その各々のフェーズで必要な作業を整理します。

要点BOX

●3流のクリエイターの口癖のように「デザインセンスがすべて」というわけにはいきません

Webサイトのタイプ別例

エンターテイメント型

「クール」「楽しい」等、デザインや楽しめるコンテンツで、商品情報よりブランド経験を訴求する。

ブランド情報提供型

いわゆるカタログ情報。消費者の「知りたいこと」に的確に答えるのがミッション。

サービスデスク型

アフターサービス充実や予約業務の利便性向上がCRM戦略のキーである際に選択させる。

一般情報提供型

マンション会社の「不動産入門」、証券会社の「最新株価情報」等、自社商品以外の情報を提供し、ファンを増やし、間接的に顧客をつかむ。

企業サイト兼用型

企業に知名度がない場合、商品に不安を持たれないよう、企業サイトと併設する。
予算がない等の理由で消極的に選択するのは失敗する例が多い。

ECサイト型

ECはいまやEC上での物販だけでなく、ECで調べて、リアル店舗で買うというケースも多い。

そういう点にも留意して企画すること。

WHY WHO WHAT HOW
WHEN HOW MUCH
を基本にしながら、Webサイトの
特性を考える

49 サイト企画の要点

「アートとして優秀」だけではNG

まずサイト企画ですが、CRMの戦略を与件確認しながら、CRMの一環としてWEBをどう活かすのか、どういうシーンでは他の手段でなく、WEBなのかを整理します。

その際、必ず「サイト構築、リニューアル目的」、「顧客にとってどんなバリュー(価値)を提供するのか？(それが好ましいパーセプションチェンジ、ロイヤリティー形成に作用するか？)」、「サイトはCRM戦略の中で、何を強化、あるいは補完するのか？」を整理します。

次に、それを踏まえ、どんな情報をどのように伝えるかを決め、コンテンツ案に落しこみます。

そして、コンテンツ案を基にクリエイティブ、システムのオリエン(指示)書を作成します。

最後にクリエイティブの注意点を述べます。

クリエイティブというと、クリエイター達の守備範囲であり、自分たちは関係ないと思うかもしれませんが、そうではありません。

ある時、得意先企業のWEBサイト構築で、外注ベンダーのデザイナーが自信満々の顔でプロト(試作)を見せに来ました。彼曰くトップクラスのクリエイターを起用して作った自信作だそうです。

画面を見て、斬新でハイレベルな作りに興奮さえ覚えました。

しかし、それはアートとして優秀な作品であり、結論からいうと、そのクリエイターの提案作品は没になりました。

理由は単純です。

そのサイトが顧客のCRMの課題解決にいかに機能するかが見えなかったからです。

CRMの一環としてのWEBサイト、そのクリエイティブとは、単なるアートではありません。

隅から隅まで、顧客が抱えるCRMの課題を解決するものでなければならないのです。

要点BOX

●サイト構築、「リニューアルの目的は？」、「顧客にとってどんな価値を提供するのか？」これを考えることが重要

CRMの一環としてWEBサイトをどう活かすか？

Point 1

なぜWEBサイト構築が手段なのかを整理

- 「サイト構築、リニューアル目的」
- 「顧客にとってどんなバリュー（価値）を提供するのか？」
- 「サイトはCRM戦略の中で、何を強化、あるいは補完するのか？」

Point 2

それを踏まえ

- どんな情報をどのように伝えるか決定
- コンテンツ案に落しこみ
- コンテンツ案を素にクリエイティブ、システムのオリエン（指示）書を作成

クリエイティブの注意点

クリエイティブ＝クリエイターの守備範囲、自分たちは関係ないはダメ！
サイトが顧客のCRMの課題解決にいかに機能するかが重要
CRMの一環としてのWEBサイト、そのクリエイティブは
隅から隅まで顧客が抱えるCRMの課題を解決するものでなければならない
クリエイティブとは「アート」でなく「ビジネス」

50 サイトクリエイティブの要点

逆効果なクリエイティブにならないために

クリエイティブの問題についてもう一つ触れます。巷には、ＣＲＭに機能しないどころか、逆効果なクリエイティブが多すぎます。

例えば、「蛇足」と「違和感」。

ちょろちょろ動くアニメや、長々としたイントロのように、表示に時間がかかるものばかりが、ユーザーをうんざりさせるのではありません。

例えば、背景がうるさい、色抜き文字で読みにくい、デザインが過剰で目が疲れる、ページごとにトーン＆マナーが変わりうっとうしい、等々、ユーザーに負担を強いる「蛇足」がＷＥＢ上に溢れています。

非常に基本的なことですが、重要なことです。

「違和感」もＷＥＢ上でよく散見されます。

バブルの頃、就職希望学生を集めようと、固めの業種が「軟らかい」広告をうつのが流行りました。あれは、明確な意図をもって行っていたのですが、ＷＥＢ上で見られる「違和感」を感じさせるサイトは、安易なコンセプト作りか、何も考えない末の結果であり、両者は異なります。

例えば、高級マンションのサイトでアニメのキャラが出ていたらどうでしょう？反対に、ディスカウント系のサイトがステータス感プンプンの作りでは駄目でしょう。また、何より重要なのは、「よいナビゲーションデザイン（導線設計）がサイトの最良のクリエイティブ」ということです。

「ＷＥＢのデザインは、アートとしても案内板としも優秀でなければならない」のです。

さらに、「ＯＳやブラウザによって見え方がおかしくならないか」を確認する必要があります。

インターネットの登場でＷＥＢサイト制作を中心としたクリエイティブワークは、製版・印刷などとの連携が不要になり、参入障壁が下がりました。しかし、だからこそ、こういう細かい部分の差が重要になるのです。

要点BOX

●サイトクリエイティブは、アートとしても案内板としも優秀でなければならない

コンテンツ作りのポイント

- 与件確認
- 全体像
  画面一覧、
  全体遷移、
  各々の機能と
  リンク
- トーン&
  マナー
  デザイン、
  コピーのイメージ
  やトーン
- 各頁ごとの仕様
  概要、コンテンツの指示（入手先、加工方法、内容の説明及び問合せ先担当者）レイアウト（場合によっては）
- バジェット
  （予算）
- スケジュール
- システム
  部分の
  仕様

↓

クリエイティブへの指示	システムの指示
Point WEBデザインは、アートとしても案内板としても優秀でなければならない	OSやブラウザによって、クリエイティブの持ち味が消えることも OSやブラウザにより見られない部分、見栄えが変わってしまう部分等をチェック。そうしないと、自分の意図と異なるものになる場合がある
	優れたクリエイティブも更新を怠れば、ただの駄作に 情報の更新や、コンテンツの追加、見直しもクリエイティブのうち

51 サイト運用の要点

システム構築、運用、結果検証

WEBサイトの構築の次は、その運用にフォーカスします。システム構築から運用、そして、その結果検証までを含めて説明していきます。

まずは、運営設計の最初の作業は、「WEBの位置付け」を確認することです。

・リアルのビジネスの補完チャネルなのか？

・ネットが主役のサイトなのか？

この2点いかんでは、運営の設計が大きく違いますので、WEBサイトの貴社における位置付けをはっきりさせる必要があります。

例えば、「リアルの補完」であれば、

・見込み客発掘

・優良顧客の育成

・リアルビジネスの販売促進

・サービスデスクの役割

など、目的を明確化すべきですし、「メインのチャネル」であるなら、

・「既存のチャネルに変わるメインチャネル」なのか、「新規に構築される唯一のチャネル」なのかで運営方針は大きく異なります。

前記を明確にすると、次は「サービス設計」に移ることになります。

サービス設計は、コンテンツや情報提供、顧客サービスには、どのような作業が必要かを考える作業を意味します。

そして、そのサービス設計を終えると、それにどのようなシステムや技術が必須かを考え「技術設計」を行います。

次に、それをどのように運用を行っていくのかを考え「運用設計」を行います。

その「運用設計」を基に、「フロントエンド開発」「ミドルウェア開発」「バックエンド開発」というシステム設計・構築に移っていきます。

要点BOX

●位置付明確化→技術設計→運用設計→開発指示

サイト運営の要点

CRMにおけるWEBの位置づけ

①リアルのビジネスの補完チャネルとしての役割

- 見込み客発掘
- 優良顧客の育成
- リアルのビジネスの販売促進
- サービスデスクの役割

②ECサイトとして直接、ビジネスを行う

- メインチャネルであるリアルのビジネスのサブチャネルとしての役割
- メインチャネルとしての役割

↓

サービス設計　コンテンツや情報提供、どのような作業が必要かを考える

↓

技術設計　その作業には、どのようなシステムや技術が必須かを考える

↓

運用設計　どのように運用していくかを考える

52 サイト設計におけるシステム構築

フロントエンド、ミドルウェア、バックエンド

「フロントエンド」は本来、前処理ということを意味します。

しかし、WEBのシステム構築のフェーズでは、データベース等の業務システムをさす「バックエンド」に対して前段階である、サイト・ユーザーとのインターフェース全般を司るWEBサーバー周りの構築を中心とした作業を指します。

それに対して「ミドルウェア」の開発範囲はウェブアプリケーションサーバー周りの構築です。

アプリケーションサーバーを用いた構造は「三階層システム」といい、システム変更や増強などが容易な構造です。

従来の「フロントエンド」と「バックエンド」のみの二階層システムが、業務プロセスが少しでも変わったら全社員のパソコンのクライアントを更新しなければならないか、逆に、高価な基幹データベースの管理システムを買い換える必要があるのに比べ非常に柔軟性が高いと言えます。

この開発のフェーズで考えることはシステムダウンや変更や機能追加時の対策です。

特に、システム停止は、業務のストップという事態を意味します。アクセスが集中した際のダウンを防ぐための負荷分散は必須です。

三つ目は、プログラムの実行環境、データベースへ接続する機能、複数の処理を連結するトランザクション（業務処理）を管理する機能を用い、各種自動処理対応の機能の設計（＝パーソナライズド・ページ、パーソナライズド・メールの設計、リアル・タイム・レコメンデーションの設計、会員自動登録機能設計等）を行うフェーズです。

また、アクセスしたユーザーのブラウザーのバージョン情報を自動識別し、各々にあった表示に変換する設計も重要です。

要点BOX

●フロントエンド、ミドルウェア、バックエンドその各々の概要と役割をみる

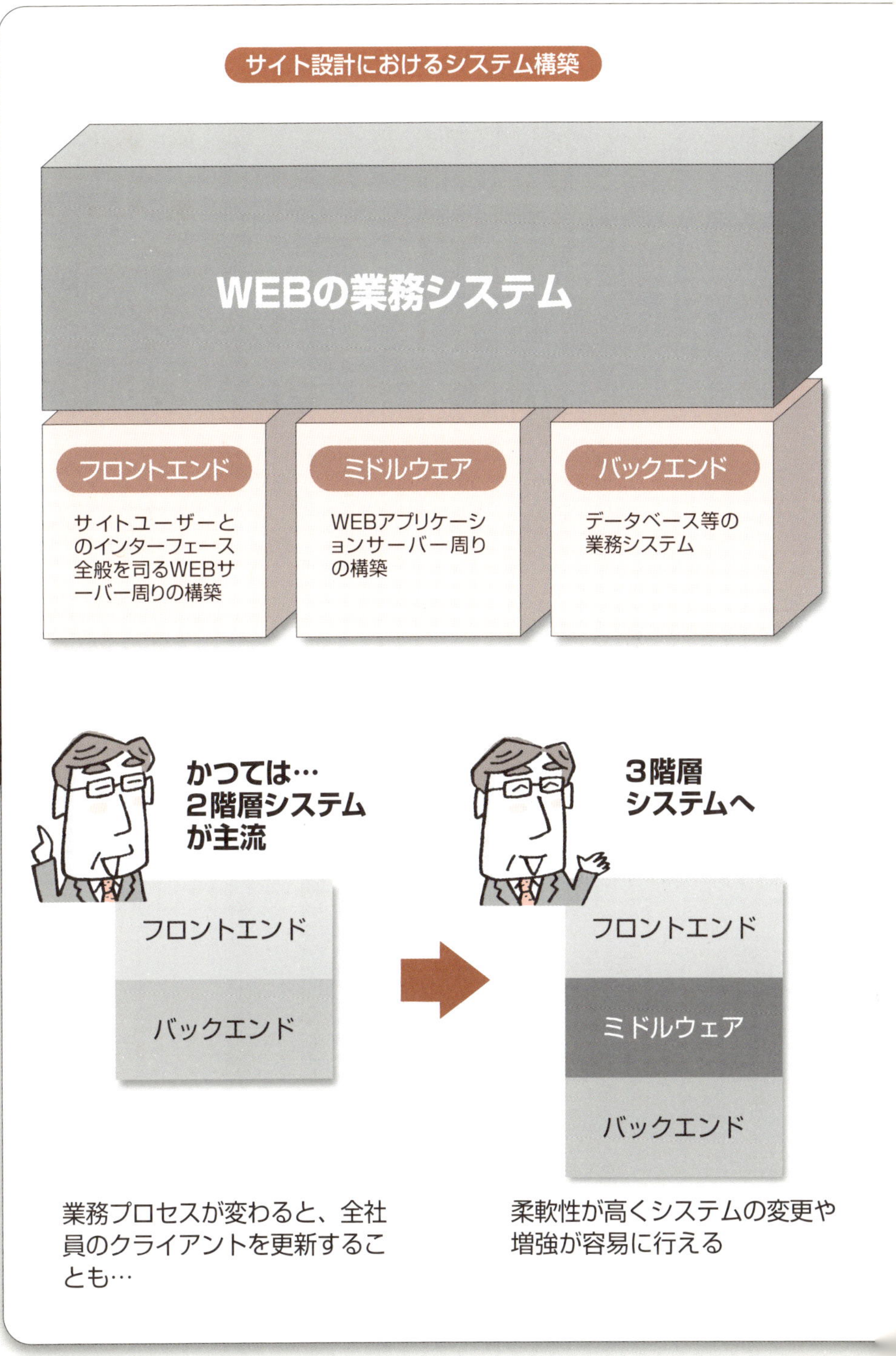
サイト設計におけるシステム構築
WEBの業務システム
フロントエンド
サイトユーザーとのインターフェース全般を司るWEBサーバー周りの構築
ミドルウェア
WEBアプリケーションサーバー周りの構築
バックエンド
データベース等の業務システム
かつては…
2階層システムが主流
フロントエンド
バックエンド
3階層
システムへ
フロントエンド
ミドルウェア
バックエンド
業務プロセスが変わると、全社員のクライアントを更新することも…
柔軟性が高くシステムの変更や増強が容易に行える

53 アクセス解析のビジネス活用

どの会社がどのページを見ているか一目瞭然

サイトへのアクセス後の行動を測定する方法に「単独ログ解析」「クッキー」「会員登録」があると述べましたが、いったいそれらはどんなものなのでしょう。

まず、ログ解析ですが、ログとは、サーバー上に自動的に残る情報で、そのアクセスがどのネットワークから来たものであるかを特定するものです。したがって、個人を特定することはできません。

ログ解析ツールにより、ログ解析は簡単に行えます。ログは、アクセスログ（アクセスしてきたユーザーのホストを示すIPアドレス、日時等）、リファラーログ（別サイトから来た場合のリンク元URL）、エラーログに分かれます。

解析例ですが、「リファラーログ」は、どういうキーワードからやってくるケースが多いのか、どのサイトのリンクから来るケースが多いかなど、マーケティングのヒントの宝庫です。

また、アクセスログは通常、「192.168.○.○○」などと表示されていますが、これはJPNIC（日本ネットワークインフォメーションセンター）など、各ドメイン（「CO.JP」、「.COM」、「.NET」、「.JP」など）を管轄しているサイトに行けば、どのサーバから来たかがわかります。

ログ解析の会社によってはこのサービスを自動で行ってくれるところもあります。

例えば、B2Bのビジネスなどの場合、得意先企業名がわかるわけで、彼らがどのページを参照しているかを把握して営業をかけるなど、これまたマーケティング情報の宝庫といえます。

当社では、フレッシュアイというポータルサイトと検索エンジンを運営しているのですが、これを用いたユニークな「検索ASP」というサービスを行っています。多くのサイトでは、ユーザーが求めているコンテンツとサイト上にあるコンテンツがずれているケースがありますが、これを最適化するサービスです。

要点BOX

●アクセスログ＝来訪ユーザーのIP、日時等リファラーログ＝リンク元URL

インターネットにおける行動分析の高度な応用例

情報提供：（株）ニューズウォッチ情報分析事業部・（株）ベイテックシステムズ

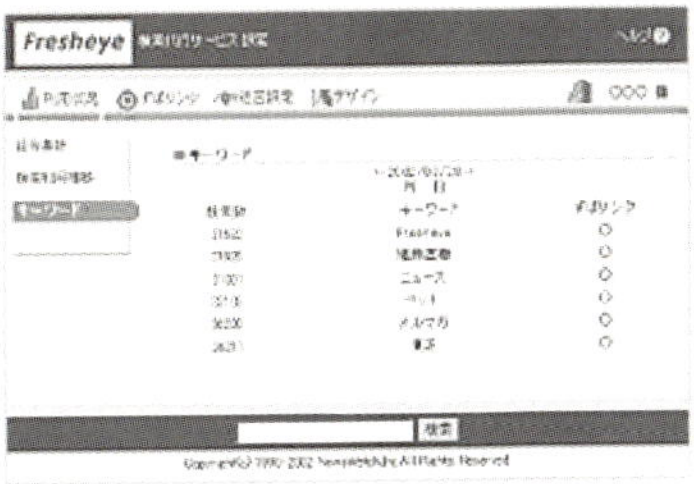

検索キーワードをランキング表示。
ユーザーニーズを把握可能。
（「検索ASP」サービスメニュー）

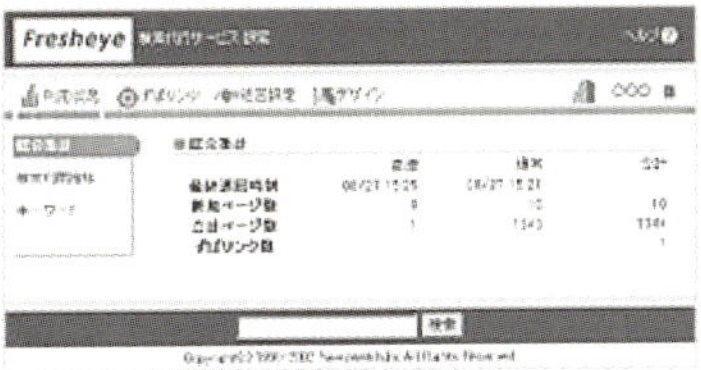

コンテンツホール機能。
例えば、ビールという検索が多いのにそれに対応するコンテンツがないなどが把握可能。（「検索ASP」サービスメニュー）

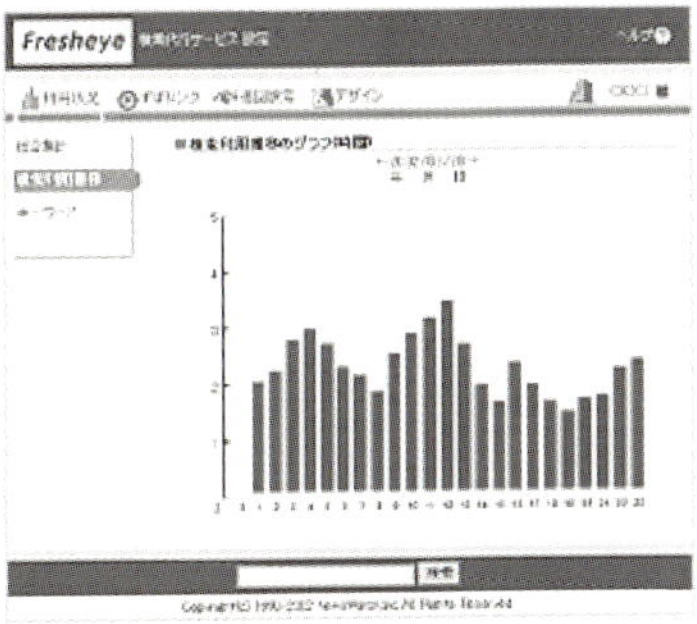

検索利用件数推移
例えば、プロモーションを行った時に当該商品の検索数が増えているなど時系列変化を把握可能。
（「検索ASP」サービスメニュー）

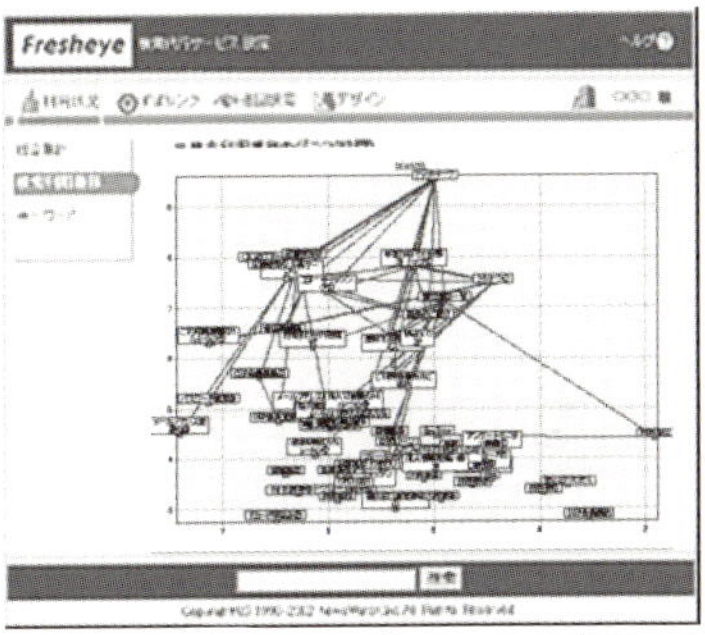

顧客が「どこ」から来たのか、「どの」ページを見たのか、「買い物かご」に入れたのか、そして実際に「購入」したのかを視覚的に把握可能。

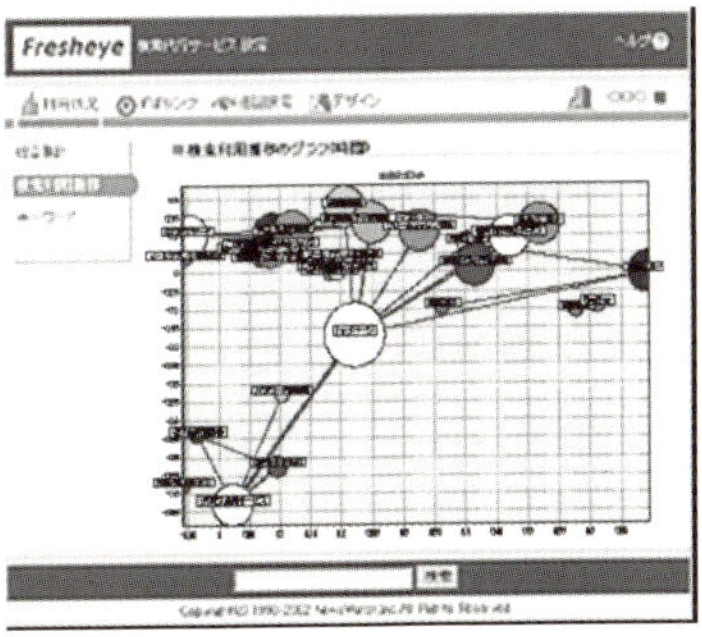

サイトの導線分析とニューズウォッチのテキストマイニング（文章の分析）技術をマッチングさせて、属性でなく、検索ワードや問い合わせ内容別といった分析が可能。

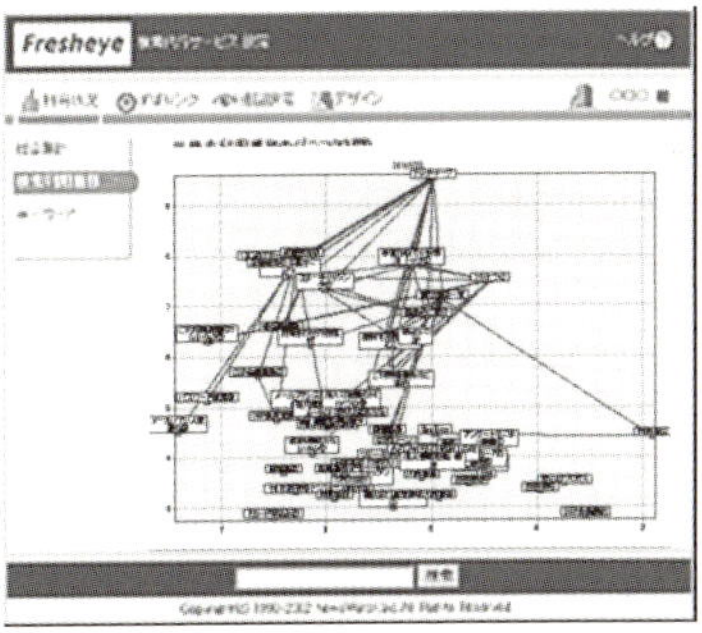

顧客の特徴に応じたグ分類を行うことにより、「会社員」「男性」などの属性別、「スポーツ好き」といったサイコグラフィック別の動きを分析可能。

Column

CRMをサポートする最新テクノロジー

さて、これまで、CRMの背景にあるインターネット以前のSP業務について見てきました。もちろん、これらの他にCRMの礎の本流といわれるDMなどの予測に用いられたデータベースマーケティングやテレマーケティングがCRMの進化に果たした役割も大きいはずです。

現在では、それらの時代と異なり、インターネットの発展により、デジタルデータの入手も容易になり、またCRMシステム等の普及により、データベースを用いた顧客の一元管理も容易になりました。

何より、個々の顧客に対するダイレクトなプロモーションが郵送のDMやテレマーケティングしかなかった頃に比べて、Eメールの普及により比べ物にならない安価で実施可能になりました。

これまではそのような過去のことについて述べてきましたが、この項では、新しい技術に関して触れることにします。

CRMのコンサルタントとして、経営のトップマネッジメント【経営層】と接する中でいつも言われることがあります。

それは「CRMシステムやコールセンターの導入で確かに作業の効率化は図れたし、それは効果が定量的に明確に判断できます。

しかし、我々はそれ以上のリターンを求めてインベスト（投資）しました」という言葉です。

トップマネッジメントが言う「それ以上のもの」とは何でしょう？それはずばり言うと、「顧客を知る」とか、「顧客の声を活用する」ということです。

彼らは、「この部分に関しては費用対効果がよく見えない」と悩んでいます。

コールセンターの現場にとって、作業の効率化が最大の目的ですが、トップマネッジメントにとっては、コールセンターに寄せられた声を商品開発部門やマーケティング部門にフィードバックし、ヒット商品を開発したり、販促効果をあげたり、商品やサービスの改善点を発見することが最大の関心事項です。

CRMは顧客の行動履歴などから有効な次のアクションを導くものですが、定性的な顧客の声をそこに活かすのは、これまで至難の業でした。

近年、これらのコールセンターに寄せられる「顧客の生の声」をマーケティングに活かそうという試みが注目されています。

第7章

CRMで活きる携帯メール

54 携帯メールプロモーション

目先の利益よりブランドやＣＲＭ戦略のために

メール使用者はパソコンより、携帯の方が多いことはご存知でしょう。

またユーザーとともに常に持ち運ばれるメディアである携帯をＣＲＭに応用していくということは目的によっては非常に効果的です。

しかし、携帯メールはパソコンのメールに比べ、多々特殊な事情を有しています。

特に、本項でも、携帯をＣＲＭの一環として活用する視点で見ていくわけですから、目先の利益に結びつくビジネスより、ブランドやＣＲＭの戦略と同じベクトルを持つものである必要があります。

つまり、

・顧客を囲い込めるか？
・顧客に良好なブランド経験を提供できるか？

等という観点で解説していく必要があります。

そのために、当然ながら、携帯の持つ特徴、性質を考慮し、ＣＲＭ戦略の中で携帯ならではの施策を考えていく必要があります。

この場合の最大注意事項はパーミッションです。そこで携帯の持つ特徴をはじめに考えたいと思います。

一番大きい特徴は、携帯電話へのマーケティング施策は受手の「生活に割り込むもの」であるという点です。そして、これは、メリットとデメリットを併せ持つ「諸刃の剣」なのです。

例えば、パソコンであれば、机上で電源を入れ、メールソフトを立上げ確認するというステップを踏みます。

一方、携帯メールの場合、受け手の生活の場に「短いチャクメロ」とともに割りこんでくるわけです。自社のブランドや顧客との関係性を考えるなら、ＰＣと比較にならないほど、パーミッションが重要だとわかるでしょう。

しかし、反面、ユーザーの生活に入り込めるというのはプラス面も大きいのです。

要点BOX

●最大のキーポイントは「パーミッション」。なぜなら携帯メールは顧客の「生活に割り込むもの」だから

携帯メールのプロモーション

ニューズウォッチグループ（株）ベイテックのモバイル対応CRMシステムソリューション概念図

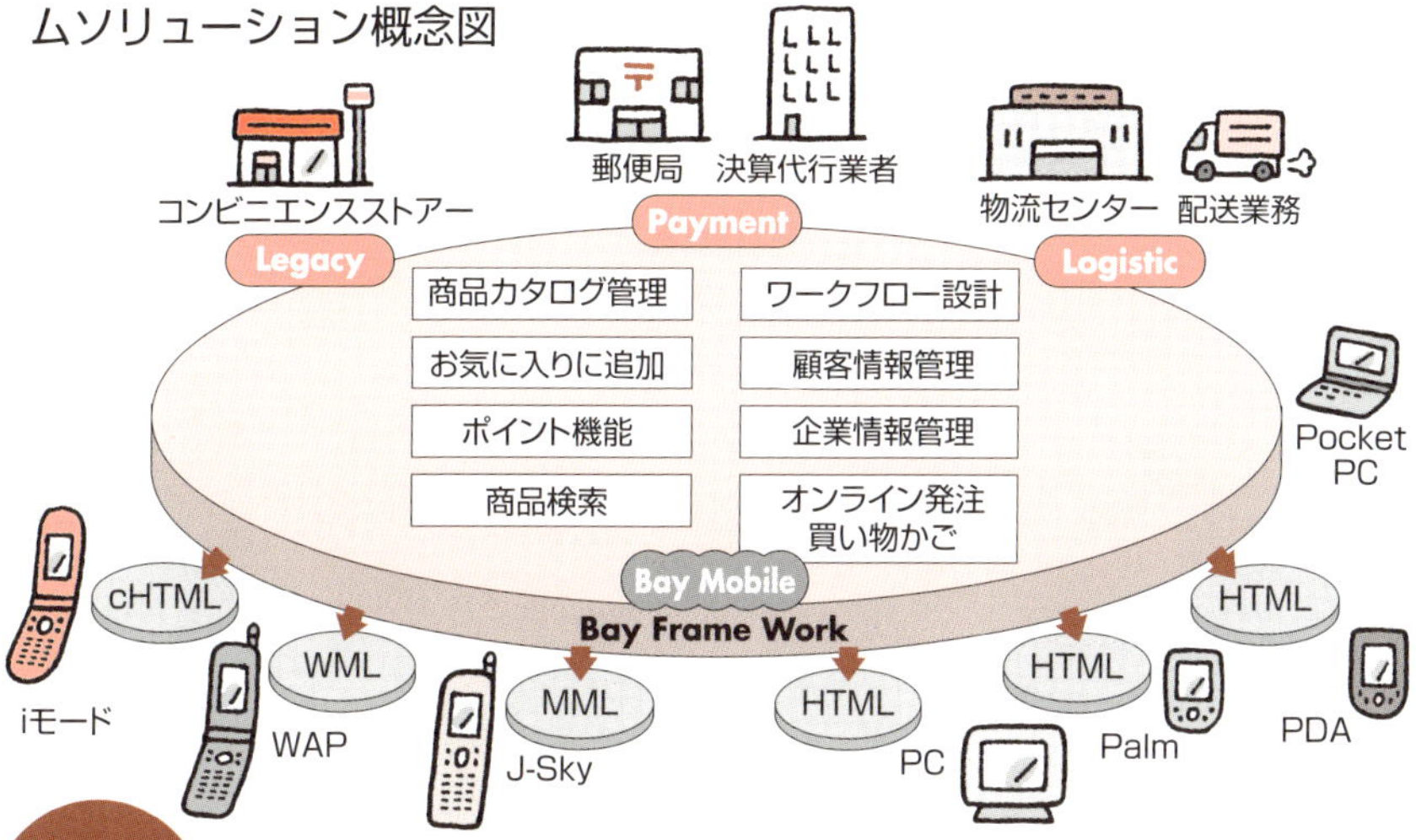

Point

携帯をCRMの一環として活用する視点で見ていく

目先の利益に結びつくビジネス

携帯の持つ特徴、性質を考慮、携帯ならではの施策を考えていく

最大注意事項＝パーミッション

- 携帯の持つ最大の特徴＝「顧客の生活に割り込むもの」
- 受け手の生活の場に「短いチャクメロ」とともに割りこんでくる
- 危険な反面、ユーザーの生活に入り込めるというのはプラス面も大きい

55 「生活に割り込む」という特徴を活かす

携帯メールマーケティングはデートの誘いと同じ?

前項の冒頭で、「ユーザーの生活に入り込める」という点が携帯を使ったプロモーションの強みである旨をお話しました。

例えば、土曜の午前中のデートのお誘いを考えてみてください。

あなたは、思いを寄せている女の子に「六本木ヒルズに行ってみない?」と電話をしました。彼女が、その日、予定もなく、「暇だなー」なんて思っていたら・・・。あるいは、友人から最近、六本木ヒルズの話を聞かされていた。そんなタイミングでピンポイントなお誘いがあれば、彼女はあなたに特段の好意がなくとも、デートをOKしてくれるかも知れません。

一方、前日、遅くまで飲んでいて、熟睡の真中だったのに起こされてしまったとしたらどうでしょう。あなたという「ブランド経験」は最悪なものになるでしょう。

ビジネスの携帯メールも同様で、良くも悪くも転ぶ施策なのです。「昼食何食べようか?」と考えていたら、ファーストフード店から、クーポン券が届いたというグッドタイミングと、得意先に怒られている最中に同様のメールが届き、いらいらしてしまうというタイミングでは、同じメールでも、ブランド経験は雲泥の差があります。

このような場合、重要になるのがパーミッションなのです。パソコンのインターネットでもパーミッションは重要ですが、携帯の場合はそれに比べ物にならないほどキーになります。

いま、携帯の出会い系サイトの勧誘メールが社会問題になっていますが、それはあれが勝手に送られてくるものだからです。

自分で登録していたファーストフード店からお知らせメールが来るのと、頼んでもないのに勝手にメールが来るのでは大違いなのです。

要点BOX

●自分で登録してお知らせメールが来るのと、頼んでもないのに勝手にメールが来るのでは大違い

携帯メールプロモーションの将来像

将来的には...
位置情報システムとのリンク

↓

「特定地域」という切口で
ユーザーにアプローチ

携帯メールの避けられない宿命
タイミング

→

リスクヘッジの唯一の方法は
パーミッション

GOOD TIMING

映画でも行こうかなー
特別鑑賞券!!
おっ、ラッキー

BAD TIMING

ゴメン…
ゲッ
もー!!

56 携帯マーケティング特有の注意点①

ユーザー負担の受信費用を上回るメリット提供が必須

携帯でのメールマーケティングを行う際、留意すべき携帯電話特有の特徴とはパーミッション以外にも多数あります。

まずは、パーミッションとも関連する事項です。

携帯電話で出会い系サイトの勧誘が社会問題化しているのはなぜでしょう？理由は簡単でメール受信費用を受け手が払っているからです。

パソコンのメール着信は一件一件に費用が課金されることはありませんが、携帯の場合、受信費用はユーザーにかかってきます。

一月に数回、クーポンだとか情報等のメールを受信しても、実際にそれが使ったりする価値のないクーポンや有益でない情報ばかりであれば、顧客に損をさせているだけでしかありません。

企業は「顧客に対価を払わせてまで実施する価値のある施策なのかどうか」まで考えてプロモーションを行うべきです。

そうしないとマイナスのブランド経験という、ＣＲＭにおいて最も避けたい結果を招くことになりかねないでしょう。

もう一つは、モバイル特性を活かしたコンテンツが求められるということです。

例えば、件のファーストフードのプロモーションを考えてみてください。

昼食時にタイミング良く送られてきたクーポン券を店頭で提示する。パソコンのようにプリントアウトする必要はなく、これはモバイル特性を活かしているといえます。

最後は先行する米国のビジネスモデルを参考にできないということです。

インターネットビジネスは、先行する米国のビジネスモデルを参考にしてきましたが、こと携帯に関しては日本の方が進んでいますので、これを参考にすることはできません。

要点BOX

●携帯マーケの特徴「受信料ユーザー負担」「移動の視点が必須」「米国を参考にできない」

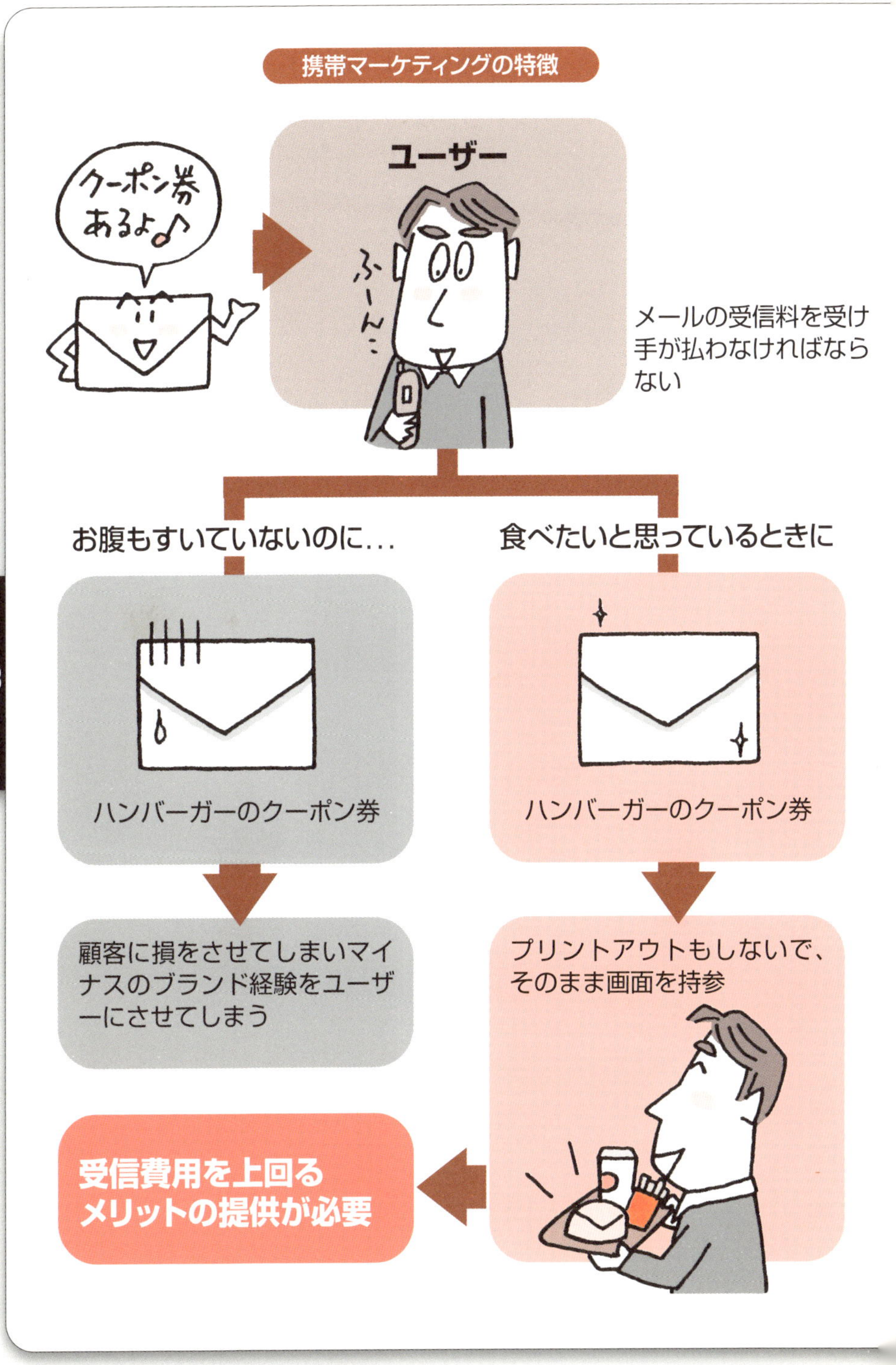
携帯マーケティングの特徴
クーポン券 あるよ♪
ユーザー
ふーん
メールの受信料を受け手が払わなければならない
お腹もすいていないのに…
食べたいと思っているときに
ハンバーガーのクーポン券
ハンバーガーのクーポン券
顧客に損をさせてしまいマイナスのブランド経験をユーザーにさせてしまう
プリントアウトもしないで、そのまま画面を持参
受信費用を上回るメリットの提供が必要

57 携帯マーケティング特有の注意点②

キャリア公式サイトになれば小額課金が可能

その他、当たり前のことですが、画面サイズ、文字数が極めて制限されます。これは通常のメール広告のヘッダー広告、フッダー広告に似ています。

また画面サイズについてキャリア毎の違いに留意する必要があります。

さらに、パソコンはＨＴＭＬメールという選択肢がありますが、携帯は絵文字以外、テキスト中心で作成する必要があります（また、絵文字はキャリアによって文字化けするので要注意です）。

携帯の場合、高速通信が普及したとはいえ、通信速度の問題があります。重いデータを使ったり、リンク先を煩雑なナビ設計にしていては、ユーザーにはそっぽを向かれることになります。

また、常時接続の普及したパソコンによるインターネットと違い、携帯ユーザーはネット接続料を気にすることを忘れないで下さい。先程も述べましたが、携帯の場合、メールの受信費用はユーザー負担です。

注意点ばかり述べましたが、利点もあります。

それは小額課金が可能であるということです。

特にキャリアの公式サイトになれば、キャリアが集金代行をしてくれますので、月１００〜３００円の情報料を10％前後の回収代行費用で行ってもらうことができます（ただし、現状、公式サイトの倍率は高く、勝手サイトという非公式サイトでは、集金代行はしてもらえません）。

パソコンによるインターネットでは、ロイヤリティーを高めるための情報・サービス提供を行おうと思っても課金や決済のコストが嵩み、小額のサービスは不可能でした。

集金代行のビジネスが出てきたとはいえやはり携帯の優位性には叶いません。

今後、画像、動画など通信速度の改善とともにコンテンツのバラエティが広がればそれは一層、顕著になるでしょう。

要点BOX

●携帯マーケの留意事項「キャリアごとの文字制限」「接続速度」「課金面でPCより有利」

携帯マーケティングで注意すること

キャリア毎に言語が違う

画面サイズ・文字数が制限される

ニューズウォッチグループ（株）ベイテック社モバイル用CRMシステムのモバイルコンテンツ自動変換機能

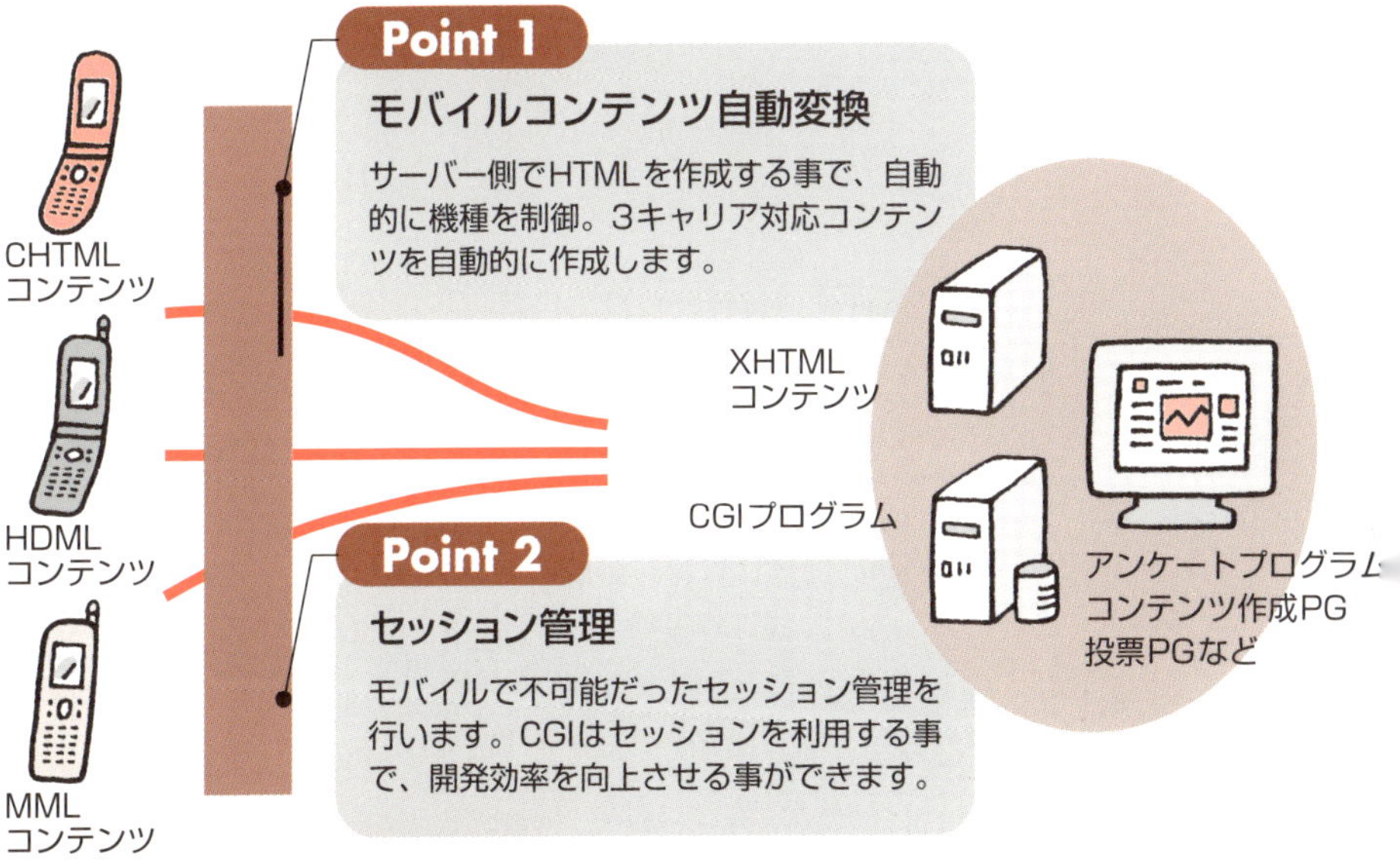

その他、携帯メールの特徴

小額決済が可能

それ単体で収益をあげることが目的ではない

顧客とのロイヤリティー形成が目的

顧客の声を活用するテクノロジー～テキストマイニング

前のトピックでコールセンターに寄せられる「顧客の声」をマーケティングに活用するという話をしました。

そのようないわゆる定性データといわれる文章を分析する技術を「テキストマイニング」といいます。

「テキストマイニング」といえば、どうもKM（ナレッジマネッジメント＝情報共有）のためのツールというイメージが強いようです。

しかし、近年、テキストマイニングはKMのニーズからマーケティング分析へとニーズがシフトしてきています。

当社は野村総合研究所の「TRUETELLER」という分析系テキストマイニングツールとしては最も評価の高いツールを活用してコンサルティングなどを行っています。

コールセンターへの問合せ、WEB経由での問い合わせなど、コンタクトセンターに蓄積されているが有効活用されていない顧客の声は各企業の悩みの種になっています。

顧客の行動履歴などは数値データなので扱いやすいが、文章はこれまで手作業で分類などする必要があり、膨大な時間とコストを要するものでした。

しかし、コールセンターの膨大な導入費用や日々、問合せ内容を記録するコストなどを考えると有効活用が必須でした。分析系のテキストマイニングはこの辺りの課題を解決しました。

では、このコールセンターの声はどのように活用されるのでしょうか？

企業はえてして声の大きいクレームを重視してしまい、経営判断を誤ってしまうことが少なくありません。「クレーマー」という言葉がありますが、こういう特殊な人の強いクレームを重要視してしまうのです。

しかし、これらは、一部の特殊な顧客、或いは一部の不心得な従業員に原因があるだけで、全社的には重要な問題でないケースが殆どです。それでも人間の主観は怖いもので、こういうクレームが記憶に残り、重要問題と勘違いしてしまいがちです。しかし、実際には声は大きくないが件数が多い、つまり頻出しているクレーム。あるいは顧客の離反につながるクレームなどの方が全社的な課題として取組まなければならない問題のはずです。

第8章

コールセンターの新たな役割

58 電話のツール特性とコールセンター

市場浸透、ユーザーの偏りの無さはピカイチ

CRMは当初、CTIの技術を活かし、コールセンターを中心に顧客データを管理、活用するというのがミッションでした。

現在はメールマーケティングなどの役割が大きくなってきていますが、それでも、CRMにおけるコールセンターの役割は依然、大きいといえます。

また、最近は電話だけでなく、FAX、Eメール、携帯メール等、各種のインタラクティブ機能をコールセンターに集約させたカスタマーセンター化が進んでいます。

そのような流れの中、メールマーケティングもコンタクトセンターが管理しているケースが多くなってきています。

また、パソコン・ユーザーや携帯電話のネット接続ユーザーが増えているとはいえ、5000万の加入者を擁する電話には、市場浸透度の面で到底かないませんし、ユーザーの偏りが無いという点では、シルバー層、主婦層等、インターネットや携帯電話のプロモーションでは対応しにくい層もカバーする電話の強さははっきりしています。

さらに顧客の声を重要視する風潮が企業に強くなっています。

1998年のナンバーディスプレーサービス開始によるCTIの普及、そこから発展したCRMの考え方の普及により、各企業がこぞってコールセンター構築を含む、テレマーケティング業務に本腰をいれるようになりました。

しかし、高度なシステムを導入すれば、コールセンター業務が良好に機能すると誤解している企業も少なくありません。システム導入は業務効率化のためではなく、「企業と顧客の関係づくり」のためのものであることを忘れてはなりません。

では、実際にどの辺りに注意して業務を行うかをこれから見ていきます。

要点BOX

●システム導入は「業務効率化」より「企業と顧客の関係づくり」が重要

コールセンターはカスタマーセンターへ

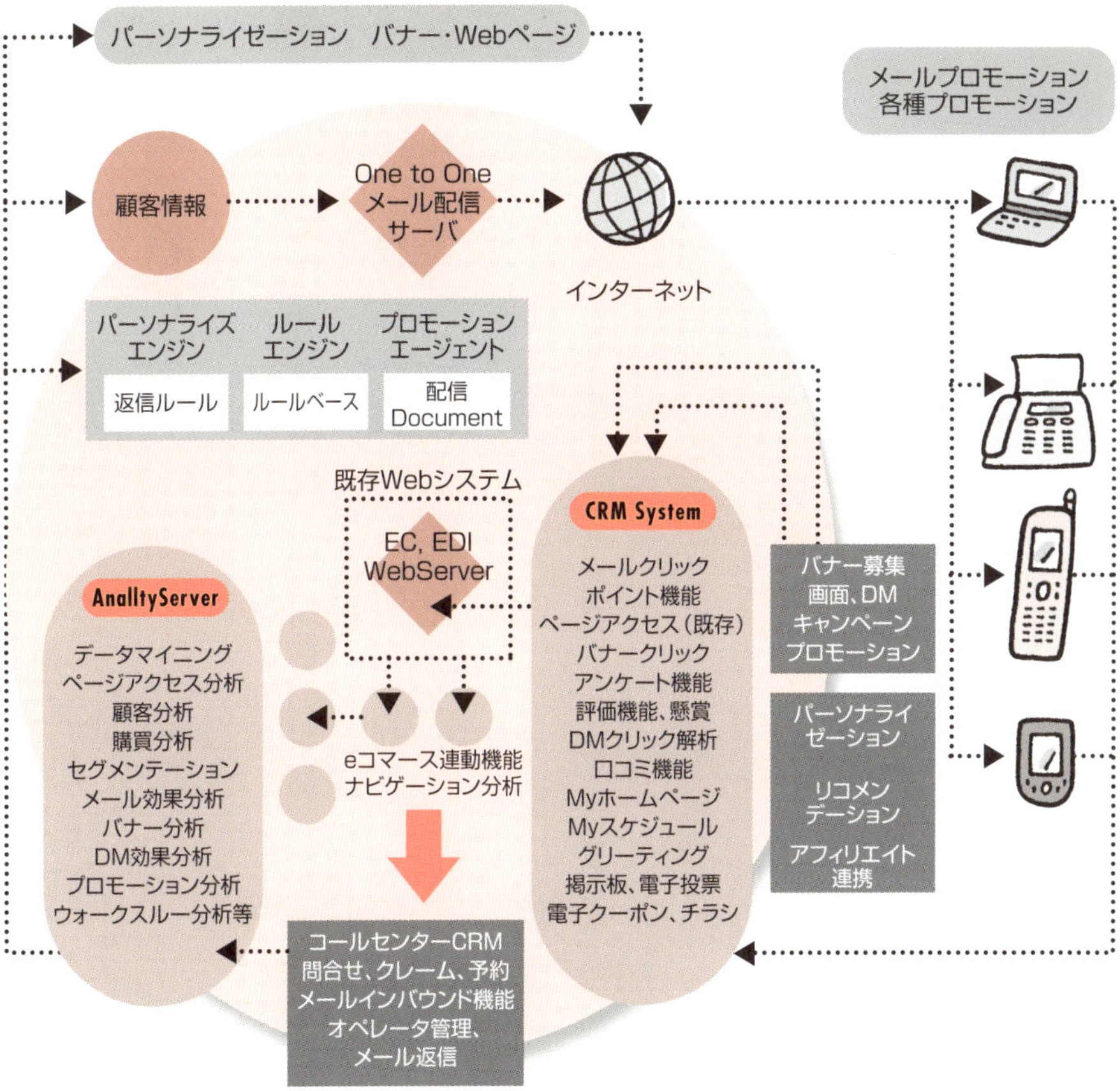

パーソナライゼーション　バナー・Webページ
メールプロモーション
各種プロモーション
顧客情報
One to One
メール配信
サーバ
インターネット
パーソナライズ
エンジン
ルール
エンジン
プロモーション
エージェント
返信ルール
ルールベース
配信
Document
既存Webシステム
EC, EDI
WebServer
CRM System
メールクリック
ポイント機能
ページアクセス（既存）
バナークリック
アンケート機能
評価機能、懸賞
DMクリック解析
ロコミ機能
Myホームページ
Myスケジュール
グリーティング
掲示板、電子投票
電子クーポン、チラシ
バナー募集
画面、DM
キャンペーン
プロモーション
パーソナライ
ゼーション
リコメン
デーション
アフィリエイト
連携
AnalltyServer
データマイニング
ページアクセス分析
顧客分析
購買分析
セグメンテーション
メール効果分析
バナー分析
DM効果分析
プロモーション分析
ウォークスルー分析等
eコマース連動機能
ナビゲーション分析
コールセンターCRM
問合せ、クレーム、予約
メールインバウンド機能
オペレータ管理、
メール返信

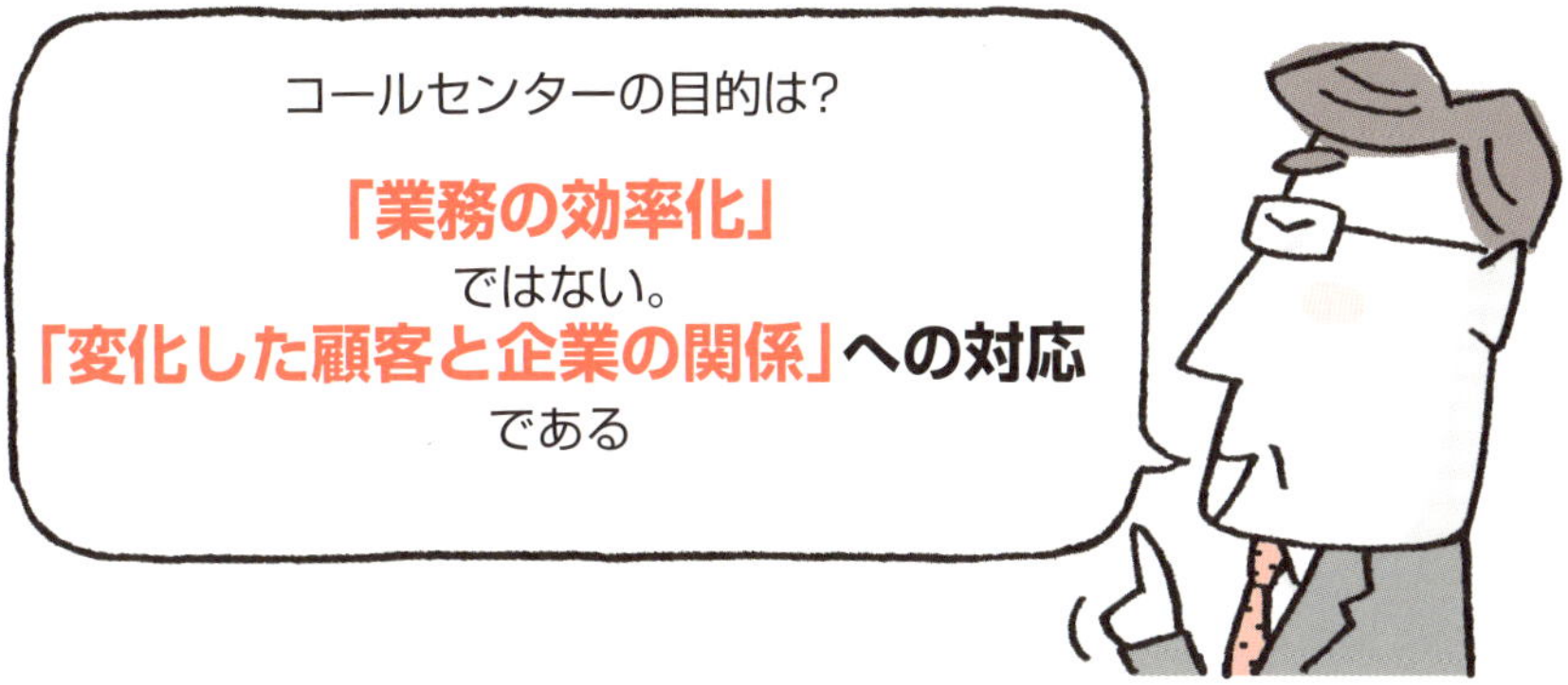

コールセンターの目的は?

「業務の効率化」

ではない。

「変化した顧客と企業の関係」への対応
である

59 コールセンターのタイプ

「プロフィット型」、「コスト型」にわかれる

コールセンターはプロフィット型とコスト型に分けられると言われます。

プロフィット型は、注文受付やセールス及びセールス支援、ＤＭのフォロー、調査等、文字通り、利益を産み出す業務です。

対して、コスト型は、問い合せ対応の窓口やアフターサービスの窓口等、直接的に利益を産み出さない業務です。

しかし、リレーションシップ構築、ロイヤリティー形成によりＬＴＶを最大化させることが最もプロフィタブルであることがわかってきたいま、顧客との関係構築の接点である業務がコスト型と捉える考えはおかしいことがわかるでしょう。

ブランドチェンジの半数弱は商品やサービスに対する不満ですが、それをクレームという行動に移す人は、数十人に一人だと言われます。その代わり、彼らは不評を周囲の10人に流してしまうと言われます。

このように、企業が把握できていないサイレントクレーマーと言われる顧客の声をいかに吸上げ、企業活動の改善に活かすかということはひじょうに重要な課題なのです。

コールセンターのシステム化は、「都合の良い時間にかけられる」、「不通率を下げる」といった顧客の意向に応対する目的でなされるべきです。

もちろん、これは純粋にプロフィットをえる役割に関しても同じで、アウトバウンドコール（セールスなど電話をかける業務）による見込客の開拓、営業の進捗管理や受付時間の延長、受注後のアフターフォロー等も同じで、ただの「押し売り」にならないよう、顧客データベースから適切な推奨を行い、顧客との関係構築を図るべきです。

ちなみにニューズウォッチ情報分析事業部では、顧客の声の活用を最適化するためにテキストマイニングというアプローチを行っています。

要点BOX

●ロイヤリティー形成の重要性がわかってきたいま、プロフィット型という発想はおかしい

コールセンターのタイプ

コール
センター
を大きく分けると…
プロフィット型
利益を産み出す業務
こちらの商品はー
NEW
注文表
コスト型
利益を産み出さない業務
修理します
ゲッ
なんだよー
ブツブツ
カメラのバッテリーは10時間もつと言っていたのに〜〜！半分ももたない!!
コールセンターに
電話する人は
ごく一部！！
……
多くの人に
不満をクチコミ
してしまう
そうなんだーー！
不満！

60 コールセンターの主役―CTI―

顧客の電話番号を基に顧客情報を受付画面に表示

「発信番号表示機能」といえば、相手を確認してから出る「迷惑電話対策」としての色彩が強いように感じるのではないでしょうか?

しかし、これはビジネス、あるいはCRM的に見るとコールセンターの代表的なITであるCTIと密接な関係があります。

米国に比べ、日本でCTIの普及が遅れたのは、ナンバーディスプレーという固定電話の発信番号表示サービスの開始が遅かったからでした。

CTIとは、電話とコンピューターを融合するITで、以下のような機能を有します。

①電話の着信時に、発信者番号をDBに照会し、顧客を特定
②ポップアップ＝その顧客に関する情報をオペレーターの画面に表示
③その顧客に決まった担当者がいる場合、その担当者につなげる

つまりは、顧客の電話番号をIDに、その顧客DBを引出し、それに基づいて、カスタマイズされた、ニーズをよみとったコミュニケーションを各々の顧客に行うものです。

このCTIの機能には、CRMの面で「顧客のブランド経験向上」と「顧客対応作業効率の向上」という2つの効果があります。

CRM的にはキーになるのは「ブランド経験向上」です。しかし、同時に、マイナスのブランド経験という危険もはらんでいます。

本書の冒頭で、「間違ったCRMはストーカーである」という旨を述べました。

顧客との温度差を理解しない企業本位のコミュニケーションは、顧客サイドにとって有りがたいものではありません。

その辺りを次項でご説明します。

要点BOX

●CTIの効用＝「ブランド経験向上」と「作業効率向上」

CTIの仕組

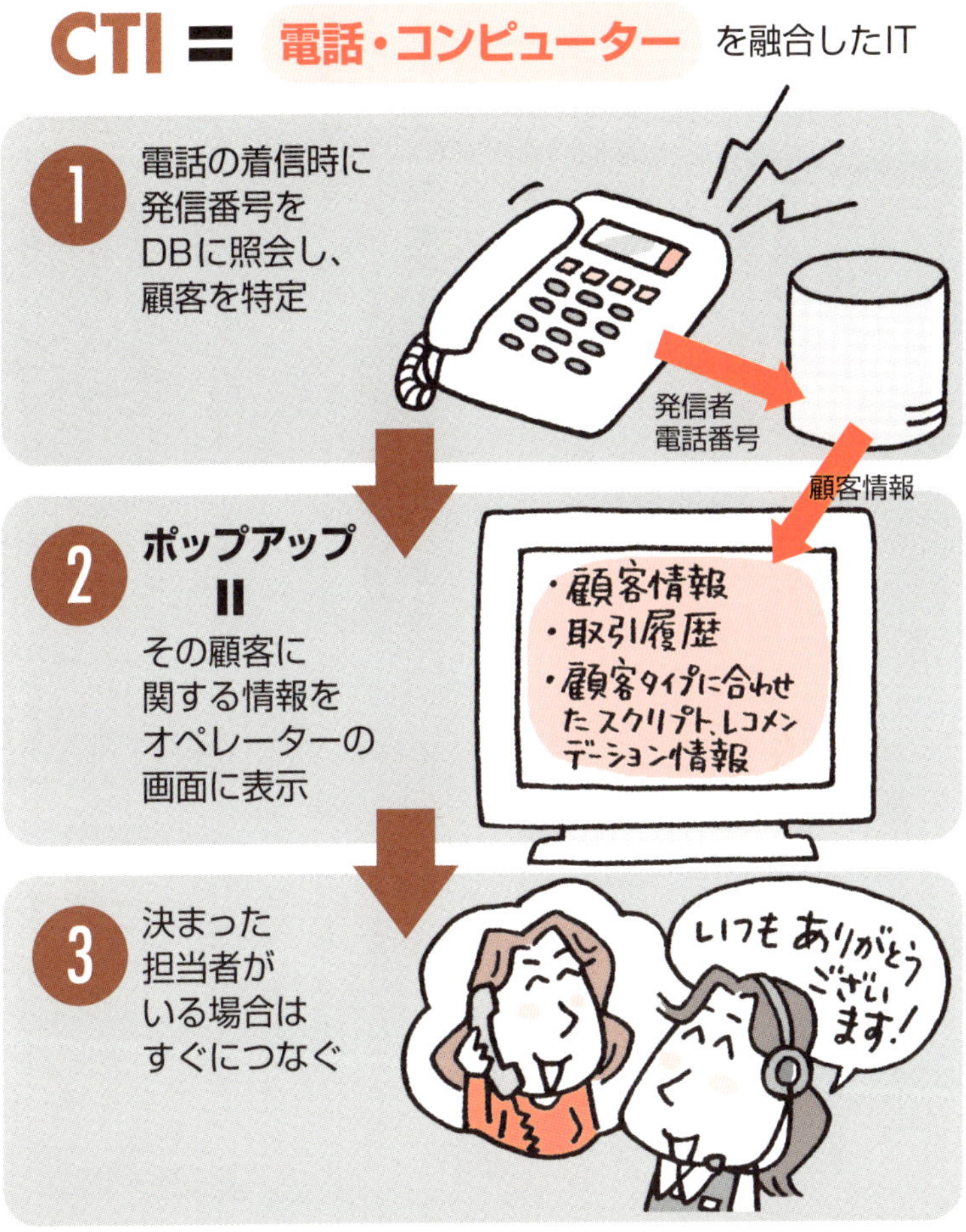
CTI = 電話・コンピューター を融合したIT
1
電話の着信時に
発信番号を
DBに照会し、
顧客を特定
発信者
電話番号
顧客情報
2
ポップアップ
=
その顧客に
関する情報を
オペレーターの
画面に表示
・顧客情報
・取引履歴
・顧客タイプに合わせたスクリプト、レコメンデーション情報
3
決まった
担当者が
いる場合は
すぐにつなぐ
いつもありがとうございます!

CTIの機能

①良好なブランド経験

適切にカスタマイズされた対応や、ハイクオリティーかつスピーディーなレスポンスで、良好なブランド経験につながる。

②作業効率向上、効果の上昇

効率的な情報提供で、オペレーター通話時間を削除する。また、通話フローの見通しが良くなるため、モチベーションが向上する。

61 「顧客情報はひけらかさない」がコツ

顧客情報に「踏込む」、「踏込まざる」を適切に判断

では、前項で述べた「マイナスのブランド経験」とは何でしょう?

例えば、女性が大して親しくもない男性と話している際、彼がやたら彼女のことを知っていて、会話の節々にそれを出されると、彼女は気味悪く思ってしまうでしょう。

顧客は自分にとってロイヤリティーの高くない企業が、自分のことを良く知っているようなことは望みません。

ですので、企業サイドは顧客毎に踏込むべき領域を適切に判断しつつ、ロイヤリティー形成につなげていかなければなりません。

キーは「必要以上に顧客情報はひけらかさない」ということです。

よくCTIに関する書籍や説明で、相手が名乗る前に「○○さん。いつも、お世話になっております」なんて応対が可能!等という記述がありますが、とんでもありません。顧客がこのような対応を受けても違和感を覚えないのは、自分にとって愛着のあるロイヤリティの高い企業だけです。

「じゃあ、顧客情報なんてあっても何の役にもたたないじゃないか」と思うかもしれませんが、そうではありません。

顧客情報を活用して、プロモーションを行なう際も、自ブランドの特徴や、CRM戦略を念頭において、「顧客情報を知っていることを前面に出してプロモーションを行うべき」なのか、「顧客情報を知っていることをあえて表面には出さず、顧客情報から想定できるニーズの訴求だけを行う」べきなのかを考えるべきです。

例えば、古い車に乗っている方に、あえて、「○○様のお車も古くなりましたから…」等のセールストークをするより、顧客情報は見込客であることを把握するのに使うことに留める方がスマートです。

要点BOX

●顧客情報を表面に出すより、顧客情報から想定できるニーズの訴求だけを行う方がスマート

マイナスのブランド経験　たとえば…

CTIを使って、顧客に対して
「Aさん。いつもお世話になっております」と話したとき、
違和感なし
違和感あり
この人は古い賃貸マンションに15万も…
○○様 低金利の今 天王洲に月々12万で買えるマンションができました!
家の近く!
えっ、家賃よりも安いわ!
○○様は弊社の仲介の古い賃貸マンションにお住まいですね?
余計なお世話だわ!!
はぁー
まったく失礼ね!!

62 CTIの第二の役割は「顧客対応の一元化」

顧客を「たらい回し」してうんざりさせないために

CTIを活用する上で最も重要なことは、顧客対応の一元化ということです。

「お得意様が店に電話をかければ、店の誰もがそのお得意様のことを知っている。しかし、CTIを導入すれば、普通の客が電話をしても、皆、その客を知っているかのような対応ができる。客はお得意様気分を味わえて、ロイヤリティーが上がる…」なんて馬鹿な説明がまかりとおっています。世の中のお客さんは、そんな馬鹿ではありません。

ただし、「皆がその客を知っているかのような電話応対ができる」というのは違った意味で、非常に重要なことです。

例えば、あなたが電化製品の修理の問い合せをしたと想像してください。

違う部署から違う部署に何度もたらい廻しにされた挙句、一から伝票番号やら、修理の内容やら、保証書の番号なんかを聞かれたのではうんざりしてしまいますよね。

また、買ったばかりの自動車と、同じ自動車の売込の電話がかかってきたりしたら、そのブランドに対するロイヤリティーは急降下するどころか、怒ってしまうでしょう。

CTIはその課題をクリアにしました。ACD(自動着信呼分配)とリンクさせ、最初に応対した人間に繋いだり、その人間がいなかったり、他の部署からの電話でも、ポップアップスクリーン(電話がかかってきた顧客の情報が表示される)を見ながら、違う人でも適切な応対をするということができるようになりました。

もうお分かりでしょう。

顧客情報をやたらセールストークに使うより、CTIによって顧客に迷惑をかけない対応というのが重要なのです。

要点BOX

●顧客情報をやたらセールストークに使うより顧客情報活用で顧客に迷惑をかけないこと！

CTIの第一の役割は「顧客対応の一元化」

63

CTI以外のコールセンター機能

アウトバウンドコールの効果向上のために

CTI以外にもコールセンターのITは価値を提供しています。

例えば、アウトバウンドコールの際、「顧客データベースから自動的にダイヤルし、繋がったものだけを空いているオペレーターに繋ぐ「プレディクティブダイヤリング」などがあり、アウトバウンドの作業の効率化、オペレーターのモチベーションアップに貢献しています。

最近は共働き世帯の増加など在宅率が低下していますので、効率化や何件かけても不在でやる気がなくなるということを防げるわけです。

また、コールセンターは、以前は業務の多くの時間を消費者との通話以外の作業にとられていました。つまり、何件かけても不在だったり、電話をかける相手のことを調べたり、逆にかかってきた相手のことを調べたりという作業です。しかし、いまではそれはシステム化で解決されました。

また、アウトバウンドの稼働率が低い時は「プレディクティブダイヤリング」という回線制御機能によって、電話が繋がりやすい時間はアウトバウンド、逆に、そうでないときはインバウンドという切換えができるようになりましたが、これには課題があります。

インバウンドとアウトバウンドではスキルがまったく違うということです。

インバウンドは顧客の求めることを適切に把握し、適切な対応を行うことが重要ですが、アウトバウンドは、顧客の心を開き、切りこんでいく、ある種、アグレッシブさが重要です。このスキルの両立は案外、難しく、この機能を使う際は、オペレーターの質を十分にチェックすることが必要です。

また、その他、業務効率化機能としてACD（オートマチック・コール・ディストリビューション=自動着信呼分配）という機能があり、着信が一人のオペレーターに集中しないよう、自動的に振り分けるものもあります。

要点BOX

- ●インバウンド＝話の内容を適切に把握、対応
- ●アウトバウンド＝顧客に切込むスキルが重要

CTI以外のコールセンター機能

顧客DBから自動発信

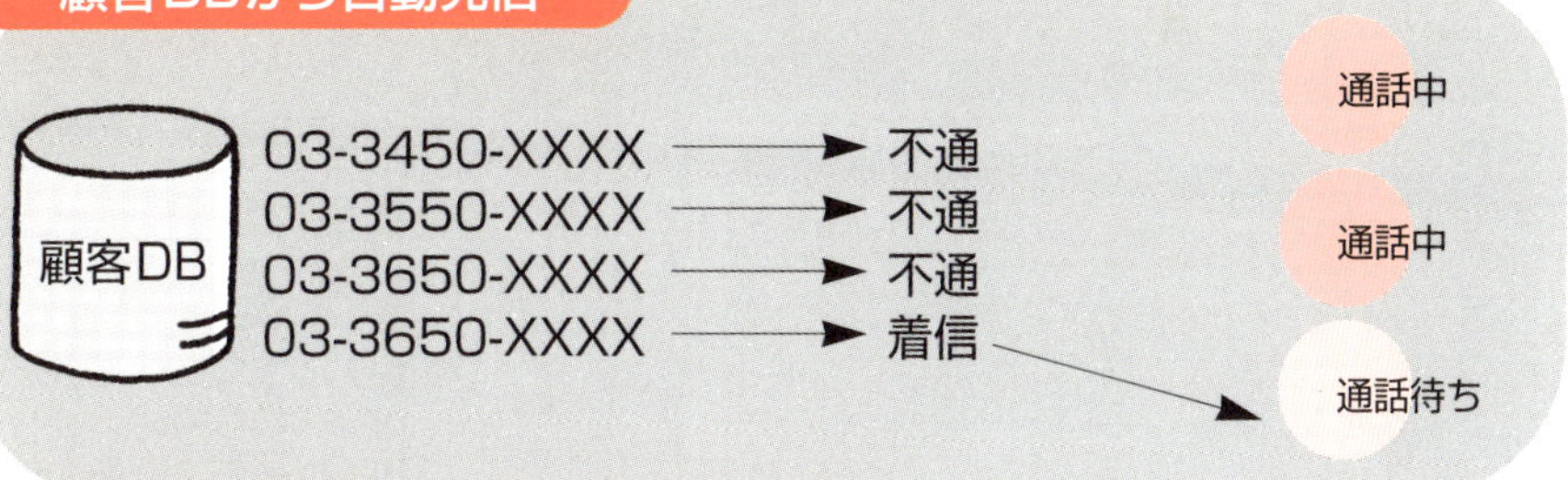

コールセンター業務を効率化する機能

プレディクティブダイヤリング：DBからの自動発信と空きオペレーターへの自動接続でアウトバウンドを効率化する機能。

コールブレンディング：インバウンドの谷間にアウトバウンド業務を行なう。インバウンドとアウトバウンドを切り替えられる機能。

ACD：着信した呼を各回線に均等に振り分ける機能。

IVR：音声応答により受付や電話応対を行う機能。

インバウンド業務

- 消費者窓口：顧客からの要望、クレームを受けつける
- サービスデスク：資料やサンプル請求受付、情報問い合せ対応
- ヘルプデスク：修理等アフターサービスの対応、使用法の説明
- ダイレクト販売の受注受付業務：EC、通販等の受注窓口

・臨時業務：キャンペーン応募受付

アウトバウンド

- ダイレクトセールス、勧誘：顧客への直接営業、セール・イベントへの来場勧誘
- アフターマーケティング：商品購入後のお礼や定期的フォロー
- 営業支援、DMフォロー：DMフォローや営業活動を支援する
- 電話調査：市場調査やCS調査

64 コールセンター業務設計

コールセンターの目的、ポジショニングを明確化

これまでコールセンターの技術に関して話してきましたが、本項からは実際の構築です。

他の部分でもしつこいぐらい言っていますが、コールセンター構築もCRMの一環であるわけですから、CRM戦略と擦り合わせて、かつコールセンターが担うべき戦略上のミッションとポジショニングを明確にすべきです。

インバウンド、アウトバウンド、いずれの業務であれ、CRM戦略のもと、電話のアドバンテッジを活かす目的策定が重要です。

まずはコールセンターの目的、ビジネスにおける位置付けの策定です。

CRM戦略を考慮に入れて、市場や商品の特徴、既存チャネルを考慮に入れて、エッジを立てていくべき「強み」、克服すべき「弱み」を明確にし、コールセンターの位置付けを明確化します。

例えば

・顧客とのコンタクト機会が少ないことを克服するのか？
・既存のチャネルの弱みを補う、あるいは強みが更に生きるようサポートするのか？
・部門間の非統一な対応を、コールセンターをインターフェースにし、各部門館の連携を管理する方法に改めるのか？

といった位置付け、あるいはその組合せとプライオリティー付を行います。

それを基に全体としてのコールセンターの方向性を決め、さらには、CRM戦略におけるターゲティングを再認識し、

・各顧客セグメント毎にどのようなコミュニケーションを行うのか？
・それにあったプログラムは？

というふうに部分的なコールセンター計画に落しこみます。

要点BOX

●自社の「強み」、「弱み」を明確にし、コールセンターのミッション、位置付けを明確化

コールセンター業務設計

コールセンター構築もCRMの一環

↓

CRM戦略に合わせコールセンターの
目的、位置づけをする

↓

コールセンター構築もCRMの一環

コールセンターの目的、位置付けの策定

CRM戦略

市場分析

自社商品の分析

強みの把握

- 広い営業網
- 高い知名度
- 顧客数の多さ　等々

弱みの把握

- コンタクト機能が少ない
- 部門別の対応がバラバラ　等々

顧客セグメント毎に
プログラム策定

65 コールセンター「営業支援の役割」

営業支援のコールセンター構築は現場にも目を向ける

全体的なコールセンターの方向性は「営業支援」、「チャネル不足、各所でバラバラな対応」、「定期的に行われるキャンペーンなど、突発的な業務の増大対応」などのタイプに分けられます。

ここでは、最もＣＲＭにおける課題の多い営業支援の話をします。

旧来、営業ほど「情報化」と無関係だとされてきた部門はありません。

しかし、営業支援システムを導入するとなると、逆にシステム導入が目的となってしまうのはなぜでしょう？

この両者の乖離によって、多くの試みが失敗に終わっています。

「客の電話は外のやつなんかで応対できるわけない」「進捗管理は俺の頭の中でやっている」等々の現場の声と、「だらしない営業にシステム化でメスを入れたい」という管理サイドが乖離した状況はよく聞こえてくる事例です。

そのため、コールセンターと同じ業務を並行して現場でも行っていたり、営業の進捗が端末に入力されず、コールセンターが機能しないということもよく見られます。

しかし、逆に、コールセンターによる営業の利便向上を訴求することで、ＳＦＡ（セールスフォースオートメーション＝営業支援システム）が機能し始めることもあります。

例えば、見込度の確度が見えない顧客へのアウトバウンドコールによる情報フィードバック、煩雑な資料請求等、成績に結びつかない業務の対応、モバイルが困難な状況で、電話1本で進捗確認が可能、等という点です。

いずれにせよ、営業支援のコールセンター構築の際は、現場部門に目を向けることも重要な作業になります。

要点BOX

●「情報化」と無関係だとされてきた営業部門ほど、システム導入だけで満足しがち

コールセンター「営業支援の役割」

- コールセンターの方向性
  - 営業支援
  - チャネル不足、各所でバラバラな対応
  - 突発的な業務の増大に対応

営業支援を目的としたCRM

旧来、営業ほど「情報化」と無関係だとされてきた部門はない

↓

しかし、営業支援システムを導入となると…
逆にシステム導入だけがなぜか目的となってしまう

↓

現場サイドは、

全部ココ！

進捗管理は俺の頭の中でやっている！

VS

管理サイドは、

まぁいいかー
こんなんで…

だらしない営業に
システム化でメスを入れたい

両者の乖離で、多くの試みが失敗に終わっている

66 インハウス、アウトソーシングの判断

協力会社の言いなりにならずに判断するために

次に、業務設計の際、問題になるインハウスかアウトソーシングの選択の話をします。

同じような課題を抱えていても、システムベンダーはインハウスを、テレマーケティング会社はアウトソーシングを推奨するというようなことがよくありますが、以下で述べるアウトソーシング、インハウスの選択の判断基準を考慮し、適切なディシジョンを下すことが必要となります。

まずは、インハウスで行うべき条件です。

最も明確な判断ポイントはコールセンターが貴社のコアコンピタンス（中核業務）と密接につながるかということです。

顧客対応が自社にとってひじょうに大切な業務であり、あるいはそういう業務と密接なつながりがあり、ノウハウを蓄積したり、社内守秘を徹底する必要がある場合は、インハウスを選択します。

次がリソース面の問題です。

システム構築は多額の費用がかかります。

また、プロのオペレーターを育成するのは、容易なことではなく、コストもかかります。

コスト管理に目を向けると、社内には甘くなりがちな面をどう対策するか？等を考える必要もでてくるでしょう。

基本的にはラニングの人件費はインハウスの方が安く済みますが、業務の繁簡が大きい場合、他業務と同時に走らせることが可能なアウトソーシングの方が効率的です。

もう一つレアケースですが、業種によっては営業の許認可が必要なもの、営業拠点を定められた住所で行わなければならない等、コンプライアンス面での規制があるケースがあります。

そのような理由からアウトソーシングが不可能な業務である場合はインハウスで業務を行うことが必須になります。

要点BOX

●顧客対応が自社の核（コア）であり、ノウハウを蓄積、社内守秘徹底が必要な場合は自社構築

インハウス、アウトソーシングの判断

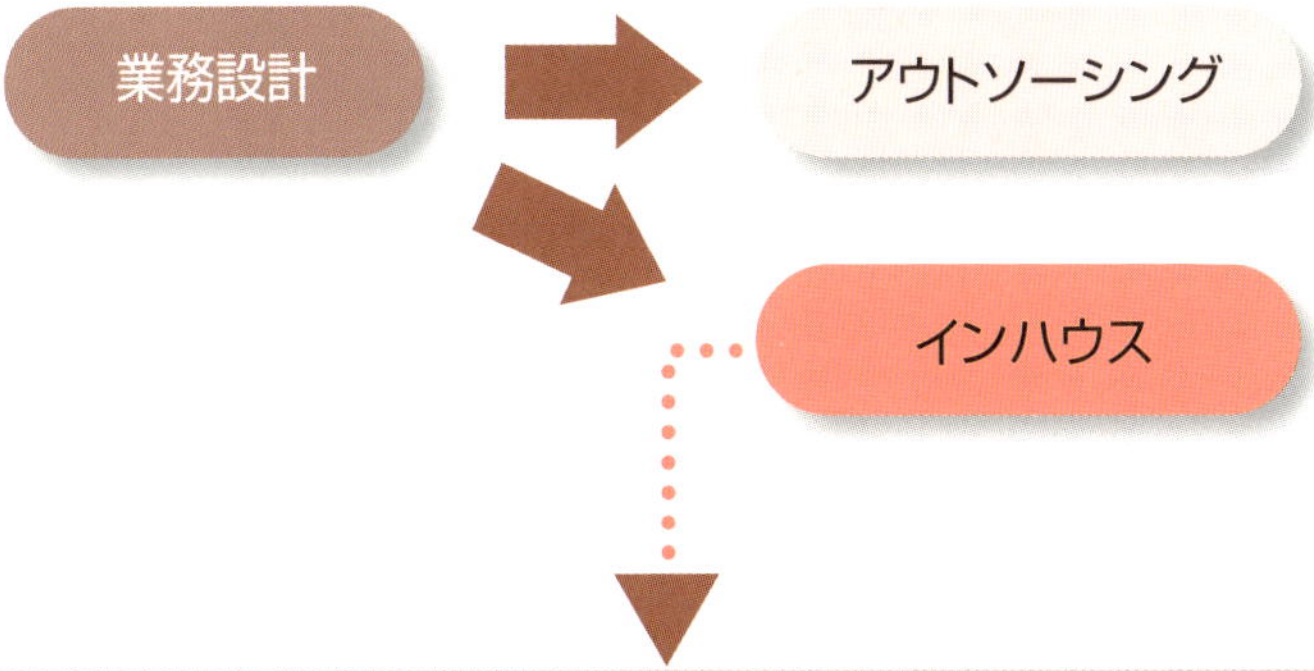

インハウスで行うべき条件

顧客対応が
自社にとって
ひじょうに重要

ノウハウを
蓄積する
必要がある

社内守秘を
徹底する
必要がある

その他、法規制の問題としては…
業種によっては

- ●営業の許認可が必要
- ●営業拠点を定められた住所で
  行わなければならない

67 アウトソーシングが有利なのは…

「人的リソース」「事業規模」「繁閑の差」で判断

次にアウトソーシングすべき条件です。

まずは、コールセンターの専門家がいないという場合です。こういう場合、アウトソーシングだと、業務計画の問題点の有無等の分析から、センターの構築作業、ラニング状況の分析、業務改善まで一貫して手がけることができます。

次にコストが割安になるケースです。

特に以下の場合、アウトソーシングの方が安く上がる場合があります。

・コールセンターが小規模の場合

小規模でも、システム等のイニシャルは固定的に必要です。

その分、テレマーケティング会社は共同利用により低コストな運営を可能にします。

・オフとピークの差が激しい場合

インハウスだと人をその業務に張りつけるわけですが、テレマーケティング会社であれば、一人のオペレーターが複数の業務を受け持つことにより、コストの低下が可能です。

・これまで実績がない場合

業務計画の問題点の指摘から、テストから本格稼動というアプローチ等、リスクを低減する業務提案を受けることが可能です。

その他、立上げまで時間がない場合もアウトソーシングが有利です。

コールセンターのインハウスの構築には、システム関連の作業から、スペース確保、レイアウト設計等、プリミティブな作業まで煩雑な作業が多岐に渡って必要です。

しかも、最も時間がかかるのは、人材を業務に耐えうるレベルまで引き上げる作業で、人材確保～研修等、オペレーターを育てた後、業務を管理するためのルール、スクリプト等の作業設計を始め、非常に時間がかかる作業が多数あります。

要点BOX

●アウトソーシング条件「専門家不在・実績が無い」「事業規模が小規模」「繁閑の差が激しい」

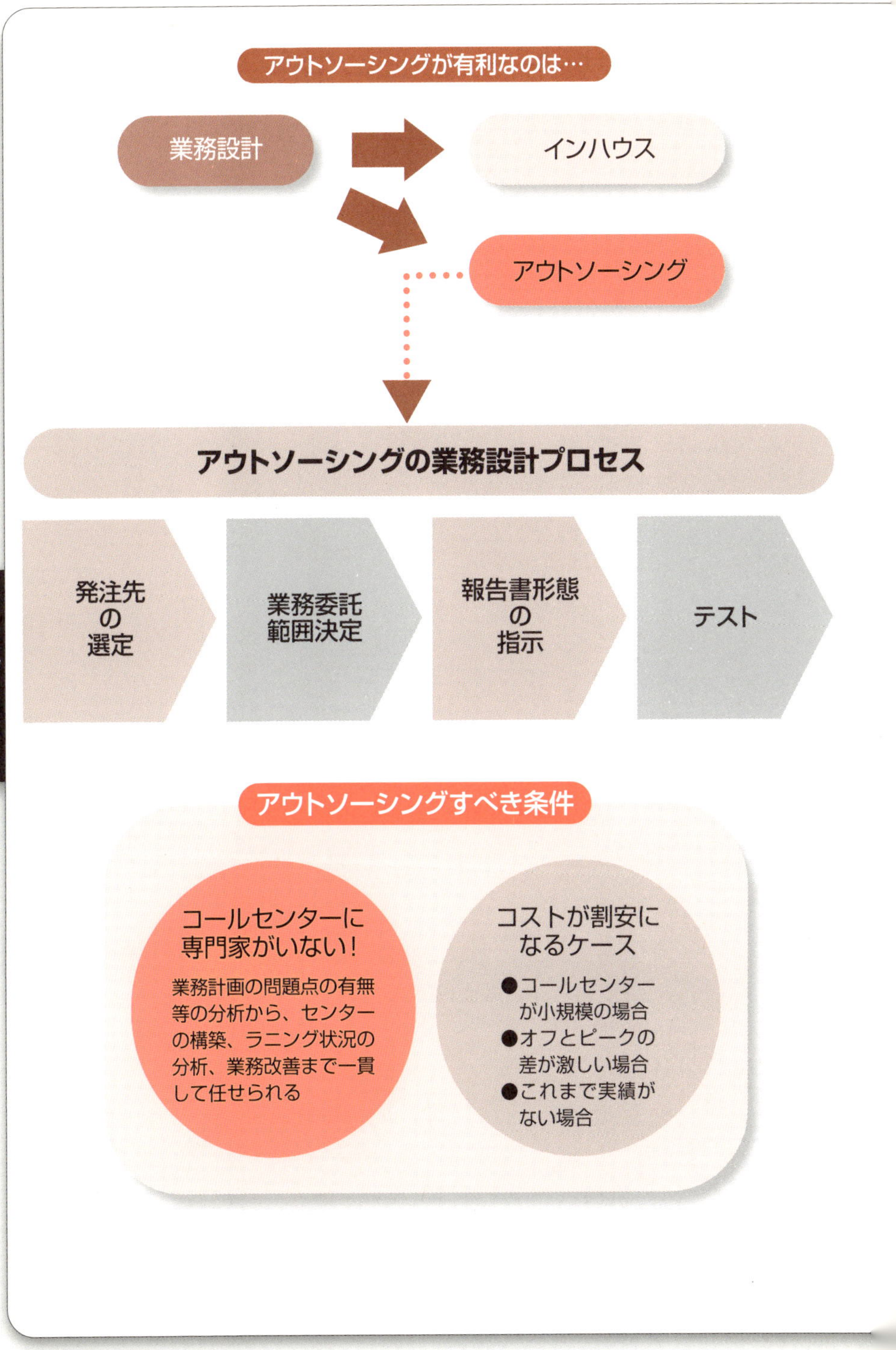

アウトソーシングが有利なのは…
業務設計
インハウス
アウトソーシング
アウトソーシングの業務設計プロセス
発注先の選定
業務委託範囲決定
報告書形態の指示
テスト
アウトソーシングすべき条件
コールセンターに専門家がいない！
業務計画の問題点の有無等の分析から、センターの構築、ラニング状況の分析、業務改善まで一貫して任せられる
コストが割安になるケース
●コールセンターが小規模の場合
●オフとピークの差が激しい場合
●これまで実績がない場合

社内にあるデータだけでなく、社外データを取得することも重要

前のコラムで、声の大きい顧客のクレームを重要視してしまいがちである過ちに関して述べた。これを実証する事例をご紹介しましょう。

ある流通企業で顧客のクレームを分析した結果、どういう対応をとったかです。

まずは紳士服売場のケースを見てみます。テキストマイニング導入以前にクレームを分析した結果、その企業が紳士服売場で最も重視したクレームは、「商品知識の欠如」でした。

そのため、高いコストをかけて全国の紳士服売場の職員を集めて、商品研修まで行い、コンサルティング会社によってマニュアルまで作成したのです。

しかし、それでも売上はまったく増加しませんでした。

その後、テキストマイニング導入後に離反客の顧客の声をリサーチしてみたところ、「何とな店員に付きまとわれる接客をされる」と、「その売場には来にくくなる」ということがわかりました。それは成績良好店舗と不良店舗を比較してみても同様に成績の良・不良の原因になっていたのです。

この辺りの背景を探ってみると以下のような事情が見えてきた。

ある顧客がある店員の商品知識の無さを指摘しました。しかし、その店員の態度がよくなかったので顧客は激怒し、大きなクレームとなりました。そのクレームの内容がその会社の上席者の耳に届き、彼の問題意識と重なりました。彼は早速、各紳士服売場で「商品知識」の欠如を問われたことが無いかをヒアリングしました。

すると、「そういわれてみるとそんな気がする」という声が多く集まり、それが最重要課題になってしまったのです。しかし、客観的に頻出度合や、顧客の離反原因を探ってみると、それはまったく重要な課題ではありませんでした。

一方、声の小さな不満であるのでほとんどの店員たちが意識しなかった「何となく売場に来にくくなる」と感じさせる応対は、店員のしつこい対応だったのです。

このように真に重要なクレームというのは表面化しないことも多いのです。そこでリサーチなど社内にないデータをとりにいく姿勢も重要になってくるのです。

今日からモノ知りシリーズ
トコトンやさしい
CRMの本

NDC 675

2004年4月30日　初版1刷発行

監　修　　藤田　憲一
Ⓒ著者　　ニューズウォッチ情報分析事業部
発行者　　千野 俊猛
発行所　　日刊工業新聞社
東京都中央区日本橋小網町14-1
（郵便番号103-8548）
電話　編集部　03（5644）7490
販売部　03（5644）7410
FAX　03（5644）7400
振替口座　00190-2-186076
URL http://www.nikkan.co.jp/pub
e-mail info@tky.nikkan.co.jp
印刷・製本　新日本印刷（株）

●DESIGN STAFF
AD ――――――志岐滋行
表紙イラスト―――黒崎　玄
本文イラスト―――小林静江
ブック・デザイン――川内　連
（志岐デザイン事務所）

●
落丁・乱丁本はお取り替えいたします。
2004 Printed in Japan
ISBN　4-526-05279-5　C3034
●

●定価はカバーに表示してあります

●監修者略歴

藤田 憲一（ふじた けんいち）

株式会社ニューズウォッチ　情報分析事業部長。1970年愛媛県出身、中央大学法学部卒。大手ダイレクトマーケティング会社、大手広告代理店を経て、大手シンクタンクの複数の新規事業プロジェクト（「価格．COM」など有力コミュニティの書込をマーケティングに活用する事業、テキストマイニング事業など）に参加後、現職。その他、同社とマーケティング事業で提携関係にある株式会社ジェイマーチ取締役兼CEO（最高経営責任者）を兼任。

●著者略歴

株式会社ニューズウォッチ

（http://www.newswatch.co.jp/）
資本金：4億2800万円。
株主：東芝、電通、三井物産、凸版印刷他）
ニュースクリッピング事業大手。その他、CRMコンサルティング、テキストマイニング事業、検索エンジン、ポータルサイト「FRESHEYE」の運営。インターネット上のリスクマネッジメント事業、サイトナビゲーション最適化、検索エンジン最適化などのマーケティング事業などを行う。CRMのツールベンダー㈱BAYTECHを連結子会社に持つ。